中國傳統 經典與解釋
Classici et commentarii

中國傳統 經典與解釋

入其國，其教可知也……其爲人也：溫柔敦厚而不愚，則深於《詩》者也；疏通知遠而不誣，則深於《書》者也；廣博易良而不奢，則深於《樂》者也；絜靜精微而不賊，則深於《易》者也；恭儉莊敬而不煩，則深於《禮》者也；屬辭比事而不亂，則深於《春秋》者也。

——《禮記·經解》

中國傳統 經典與解釋
Classici et commentarii

陳柱集

李爲學 潘林 ● 主編

老學八篇（外一種）

陳柱 ● 著　李爲學 魏凱 ● 校注

華東師範大學出版社
·上海·

華東師範大學出版社六點分社　策劃

古典教育基金·"傳德"資助項目

出版説明

陳柱(1890—1944),字柱尊,號守玄,廣西北流人。師從著名學者唐文治先生,先後任暨南大學、交通大學、中央大學等學校教授。作爲民國時期的國學巨擘,陳柱先生爲學不主一家,不專一體。所著經史子集之屬,遠有所稽,近有所考,明源流本末,辨義理辭章,且多能與現代思想相發明,闡發宏深,實開國學之新境界。"予自志學之年,好治子部……鼎革以後,子學朋興,六藝之言,漸如土苴。余性好矯俗,乃轉而治經"——依其自言,庶幾可見其治學路徑。陳柱"出筆迅速,記憶力和分析能力又強",且"闡發宏深,切中時勢,鍼砭末俗,激勵人心,入著述之林,足爲吾道光"(唐文治語)。

陳柱先生一生撰述宏富,自1916年後的二十餘年間,計成書"百餘種,蓋千餘萬言"。其中以《子二十六論》《公羊家哲學》《老子集訓》《墨學十論》《中國散文史》等書最爲精闢。由於時值戰亂期間等各種原因,陳柱著述生前刊布流通者不過數十種。其餘以講義、家藏刻印等形式所存文稿,大多湮默無聞,實爲學界之憾。現經多方鉤沉,將陳柱生前所刊著述並其家屬所藏文獻,一併編次付梓,依篇幅大小並題旨編成若干卷(同類篇章以篇幅最大者具名，涵括相關短制），以期陳柱學術重光於世。

　　"陳柱集"編輯構想原由中山大學中文系李榮明教授設計，並查索和複製了不少文獻。因李榮明教授有別的研究專案而擱置，"陳柱集"轉由重慶大學人文社會科學高等研究院古典學研究中心承接校注的組織工作，繼續查索和複製文獻，並得到陳柱先生女兒陳蒲英女士的熱情幫助。對李榮明教授所做的前期工作，以及陈蒲英女士的熱情幫助，謹此致以衷心的感謝。

古典文明研究工作坊
中國典籍編注部己組
2014 年 2 月

目　錄

校注前言 / 1

老學八篇 / 5

　自序 / 7

　　老子之大略 / 10

　　老子之別傳 / 24

　　老子之文學 / 39

　　老子之學説 / 63

　　莊子之老學 / 85

　　韓非子之老學 / 98

　　莊韓兩家老學之比較 / 112

　　新定老子章句 / 124

老子 / 157

　緒言 / 159

　　老子 / 178

附錄　主要參考書目 / 246

校注前言

陳柱著述殊爲宏富，諸子未嘗不曾涉獵，早期注心於諸子亦久矣，而後見國朝學統零落而發憤於經學，其用心不可謂不良苦。其中關於老學的著作主要有《老學八篇》《老子》《老子集訓》《老子韓氏説》等。本書收錄其中兩種：《老學八篇》與《老子》。其中《老學八篇》收入商務印書館"國學小叢書"系列，《老子》收入"學生國學叢書"系列，亦爲商務印書館印行。

陳柱作爲民國時期的學者，其研究老學的主要特點在於一方面繼承了清朝以來的樸學成就與學風，大量使用了前人的研究成果；另一方面，思想上又受到了西學的影響與衝擊，嘗試引西學以闡老。與嚴復相同，他們都抱著切實的現實關懷來解老。他們都將老子的政治哲學觀念與西方的民主觀念相互比較，并初步地以新的眼光來重新解釋中國古典道統。應該説，他們是嘗試解決中西問題的先行者。這種看問題的角度與範式仍舊是中國思想界長期不能擺脱、又需要保持警惕的方法。在這個背景之下，如何重新進入中國古典道學的統續仍舊是我們要面臨的重要課題，而老學作爲環中之學尤爲重要。

《老學八篇》的學術成就主要在於:總結了前人關於老子以及《老子》文本的大量研究成果,對於老子生平以及著述做出了考訂;闡揚了老子之後莊子與韓非子對於老子的不同解釋,以及由此推引出的不同政治哲學體系之間的異同;對於《道德經》的分章也提出了新的看法,根據各個版本重新釐定了《老子》各章的文字內容。陳柱注釋的《老子》一書係王雲五、朱經農主編的"學生國學叢書"中的一種。書中緒言多與《老學八篇》內容重複,主要辨明老子的諸多疑問;其後各章分別講解,可以與《老學八篇》互相參讀。陳柱解老子的長處在於采擷多家注釋,擇長而用,王弼、成玄英、吳澄、李贄等歷史名家以及清末至民初的馬其昶、馬敘倫、嚴復等人都在陳柱的視野之内。而對於老子各章的解釋,也能顯出陳柱自身對於老子理解的特殊傾向。另外,陳柱在解老子的時候,往往從文字訓詁、音韻等角度切入,亦頗有可觀之處。

本書沿襲"經典與解釋"系列的體例,改爲繁體橫排,對於難字難詞以及人物職官等做出簡注,以小五號字加括號夾注於文中,較長者改爲腳注。原書采用的標點爲民國時期所慣用,我們除了改正一些明顯的錯誤外,盡量保留原書的斷句。文字有明顯訛誤的,做了直接的修改;與通行本有不同的,出校記。陳柱在該書中的自注,原書以括號加同字號方式標出,我們改爲小五號字體隨文夾注,去掉了括號。所引各家《道德經》注釋以及考訂因章所引的不出章名,所引出於同一本書的,不再每章說明出處。還需要說明的是,《老學八篇》初版於1928年12月,1933、1934年再版過兩次,本書整理所據底本是1934年5月第二版;《老子》一書初版于1928年11月,其後在1930年、1932年、1934年再版,本書整理所據底本是1934年2月第二版。

本書受到中央高校基本科研業務費專項資金資助（Supported by the Fundamental Research Funds for the Central Universities）（項目編號：17LZUJBWZD015）。

校注者

二零一九年三月

老學八篇

自　序

柱自去年秋，爲諸生讲《老子》，爰著《老子集訓》，略采諸家之説，參以己見，意欲使之粗明訓詁，稍通玄旨也。既課畢，爰復授此八篇，以與《集訓》爲一經一緯之用焉。既畢業，乃爲之序，曰：嗚呼！老子之學，蓋一極端自由平等之學也！知此者，其唯清之嚴又陵（嚴復）乎？其言曰："黃老之道，民主之國之所用也，故能長而不宰，無爲而無不爲。君主之國，未有能用黃老者。漢之黃老，貌襲而取之耳。"（《老子評語》）嗚呼！吾讀其説，而不禁重爲老子悲也！夫以酷愛自由平等之學説，不爲天下後世之學者所知，而爲少數狡詐者貌襲，轉以其所以欺天下、愚後世者，歸功於老子。夫老子豈敢受其功哉？

蓋嘗試論之：老子唯欲求夫平等自由，故對於古來君主，欲以恩德市民，聰明耀衆，以遂其奴隸億兆、鞭笞天下之願者，不得不深惡痛絶之。故爲説以告之曰："上德不德，是以有德；下德不失德，是以無德。"（《道德經·第三十八章》）又曰："天地不仁，以萬物爲芻狗；聖人不仁，以百姓爲芻狗。"（《道德經·第五章》）蓋一有仁之心存焉，則望報之念斯起，而所謂仁者已立成市道，異夫天地所以生萬物之心矣。夫存於心者曰仁，見於行事者曰爲。愛人當本不仁之心，則爲政當爲無爲之政。故雖有政府，愛民治國，不足以言功，不足以言德。夫然，則一時之爲政者，不足以勞吾民之愛戴，而封建世襲之根據，乃於是乎無所託足矣。此老子之所以爲民主之治也。

知此者，唯莊周最賢，故掊(pǒu)擊政府亦最力，以至智爲大盜積，至聖爲大盜守。大盜者何？則政府是已。故曰："竊鈎者誅，竊國者爲諸侯。諸侯之門，而仁義存。"（《莊子·胠篋》）然其言之也益肆，而復古之情，亦未免太過。在老子之意，不過緬想上古無政府之時，其人民之自由平等，遠非封建階級生成以後所能夢想，而莊子則欲一切返之容成、大庭（又作容成氏、大庭氏，傳說中的古代帝王）之世矣。在老子不過欲爲於無爲、學如不學，以滅階級之競爭，而莊子則專務夫所謂絕聖棄知者矣。此莊周學老之失，而後世之復古派所藉以游心於太古者也。

韓非則不然，以老子不仁之旨、無爲之說，盡納之於法術之中，以謂能守乎此乃能無爲而無不爲矣。於是大反自由之說，力崇干涉之談，以自然爲不足貴，而唯人爲之是爭，故明古不如今，而今無法古之必要。蓋將老子芻狗百姓之說，因而芻狗聖人、芻狗先王矣。及秦用之，果以翦滅諸侯之國，而封建之制度遂於是消滅。然爲之太過，專用己智，乃因而焚書坑儒，二世而亡，爲天下之僇(lù，辱)笑。此韓非學老之失，又後世復古派所藉以爲口實者也。

自是以後，有國者或以老子爲守成之具，用兵者或視老子爲權謀之家；而一切學者又或以清談爲宗，或以隱逸爲主，或以導引爲事：皆世主所提倡，而欲率天下於無事，以固其子孫帝王萬世之業者也。是豈非與老子之初意大相剌謬者邪？嗟夫！莊生有言："爲之仁義以矯之，則并與仁義而竊之。"（《莊子·胠篋》）豈知其并老子之說而亦竊之哉？此吾所以重爲老子悲也！豈非學者不能講明之咎與！向使昔之學者，能本韓子不法古之卓識，力行莊生掊擊大盜之說，則吾國自秦以後之政體，必有大異乎今日之所聞者，而今日政體革命之事，又必非今日之所云云而已矣。吾特表而出之，以見學說關係世變之巨有如是者！

中華民國十六年(公元1927年)三月十五日
北流陳柱柱尊父序於上海大夏大學

老子之大略

司馬遷《史記·老子列傳》云：

老子者，楚苦縣厲鄉曲仁里(在今河南鹿邑，一説安徽渦陽)人也，姓李氏，名耳，字伯陽，謚曰聃，周守藏室之史也。

孔子適周，將問禮於老子。老子曰："子所言者其人與骨皆已朽矣，獨其言在耳。且君子得其時則駕，不得其時則蓬累(行蹤無定)而行。吾聞之：良賈深藏若虛，君子盛德容貌若愚。去子之驕氣與多欲，態色與淫志，是皆無益於子之身。吾所以告子若是而已。"孔子去，謂弟子曰："鳥，吾知其能飛；魚，吾知其能游；獸，吾知其能走。走者可以爲罔(同"網")，游者可以爲綸，飛者可以爲矰(zēng，縛絲線可再次利用的箭)。至於龍，吾不知其乘風雲而上天。吾今日見老子，其猶龍邪？"

老子脩道德，其學以自隱無名爲務。居周，久之，見周之衰，迺(nǎi，同乃)遂去。至關(函谷關，一説爲散關)，關令尹喜曰："子將隱矣，彊爲我著書。"於是老子迺著書上下篇，言道德之意五千餘言而去，莫知其所終。

或曰："老萊子，亦楚人也，著書十五篇，言道家之用，與孔子同時。"

蓋老子百有六十餘歲，或言二百餘歲，以其脩道而養壽也。自孔子死之後，百二十九年，而史記周太史儋（dān）見秦獻公曰："始秦與周合而離，離五百歲而複合，合七十歲而霸王者出焉。"或曰："儋即老子。"或曰："非也。"世莫知其然否。老子，隱君子也。

老子之子名宗，宗爲魏將，封於段干（魏邑名）。宗子注，注子宮，宮玄孫假，假仕於漢孝文帝。而假之子解爲膠西王卬太傅，因家於齊焉。世之學老子者則絀儒學，儒學亦絀老子。道不同，不相爲謀，豈謂是邪？李耳無爲自化，清靜自正。

《史記》此傳多疑蓋之辭，學者多惑焉。清儒畢沅①作《老子道德經考異序》，辨之云：

沅案：古"聃""儋"字通。《說文解字》有"聃"字，云：耳曼也。又有"儋"字，云：垂耳也，南方瞻耳②之國。《大荒北經》《呂覽》"瞻""耳"字並作"儋"。又《呂覽》"老聃"字，《淮南王書》"瞻""耳"字皆作"耽"。《說文解字》又有"耽"字，云：耳大垂也。蓋三字聲義相同，故并借用之。鄭康成③云："老聃，古壽考者之號。"斯爲通論矣。

---

① 畢沅(1730—1797)：字纕蘅，清鎮洋(今江蘇太倉)人。乾隆二十五年進士，狀元及第，授翰林院編修。累官至河南巡撫、湖廣總督。經史小學金石地理之學，無所不通。代表作有《續資治通鑒》《傳經表》《經典辨正》《老子道德經考異》《靈岩山人詩文集》等。

② 瞻耳：古郡名，漢元封元年(前110年)置，隋代復置，唐改爲儋州，在今海南儋州市。

③ 鄭玄(127—200)：字康成，北海高密人，漢代大儒。曾拜馬融爲師，遍注群經，爲漢代經學集大成者，其學世稱"鄭學"。

老子與老萊子是二人。老子苦縣人,老萊子楚人。《史記》老萊子著書十五篇,《藝文志》(《漢書·藝文志》)作十六篇,亦爲道家之言,且與孔子同時,故或與老子混而莫辯。

沅又案:古又有萊氏,故《左傳》有萊駒(見《左傳·僖公三十三年》《文公二年》)。老萊子應是萊子而稱老,如列禦寇師老商氏以商氏而稱老義同。當時人能久生不死皆以老推之矣,亦無異說焉。莊子云:"孔子西藏書於周室,往見老聃。"(《莊子·天道》)又云:"孔子南之沛見老聃。"(《莊子·天運》)又云:"陽子居南之沛,老聃西游秦,邀於郊,至於梁而遇老子。"(《莊子·寓言》)是孔子問禮之老子,即著《道德書》之老子,不得以其或在沛或在周而疑之。

畢氏此文蓋辨老子與老萊子爲二人,而與太史儋則爲一人,而孔子問禮之老子亦即著《道德經》之老子也。

汪中①作《老子考異》,其所說亦有異同。其言云:

《史記·孔子世家》云:"南宫敬叔②與孔子俱適周問禮,蓋見老子云。"《老莊申韓列傳》云:"孔子適周,將問禮於老子。"按:老子言行,今見於《曾子問》(《禮記·曾子問》)者凡四,是孔子之所從學者可信也。夫助葬而遇日食,然且以見星爲嫌,止柩以聽變,其謹於禮也如是。至其書則曰:"禮者忠信之薄,而亂之首也。"(《道德經·第三十八章》)下殤之葬,稱引周、召、史佚(周武王時史官,與周公、召公、太公並稱"周初四聖"),

---

① 汪中(1745—1794):字容甫,清江都(今江蘇揚州)人。與阮元、焦循同爲"揚州學派"的傑出代表。著有《廣陵通典》《秦蠶食六國表》《述學》《春秋述義》等。
② 南宫敬叔:生卒年不詳,魯國人,姬姓,孟僖子之子,名閱,或曰說,謚敬。孔子弟子,曾隨孔子往洛邑向老聃問禮。

其尊信前哲也如是。而其書則曰："聖人不死,大盜不止。"
(《莊子·胠篋》)彼此乖違甚矣。故鄭(鄭玄)注謂古壽考者之
稱。黄東發①《日鈔》亦疑之,而皆無以輔其説。其疑一也。

《本傳》(《史記·老子韓非列傳》)云："老子,楚苦縣厲鄉曲
仁里人也。"又曰："周守藏室之史也。"按:周室既東,辛有入
晉(見《左傳·昭公二十年》),司馬適秦(見《史記·太史公自序》),
史角②在魯(見《吕氏春秋·當染篇》);王官之族,或流播於四
方;列國之産,惟晉悼嘗仕於周,其他固無聞焉。況楚之於
周,聲教中阻,又非魯鄭之比。且古之典籍舊聞,惟在瞽史,
其人並世官宿業,羈旅無所置其身,其疑二也。

《本傳》又云："老子,隱君子也。"身爲王官,不可謂隱,
其疑三也。

今按:《列子·黄帝》《説符》二篇,凡三載列子與關尹
子答問之語。③ 而列子與鄭子陽④同時,見於本書。《六國
表》鄭殺其相駟子陽在韓列侯二年(前398年),上距孔子之
没(前479年)凡八十二年,關尹子之年世,既可考而知,則
關尹子著書之老子其年世亦從可知矣。《文子·精誠篇》
引老子曰："秦楚燕魏之歌,異傳而皆樂。"按:燕終《春秋》
之世,不通盟會,《精誠篇》稱燕自文侯之後,始與冠帶之
國。文公元年(前361年),上距孔子之殁,凡百二十六年,

---

① 黄震(1213—1281):字東發,南宋慈溪(今浙江慈溪)人。學以朱熹爲宗,而自有創見。代表作有《春秋集解》《禮記集解》《東發日鈔》《古今紀要》等多種。
② 史角:生卒年不詳,東周史官。魯惠公使大夫宰讓向周天子請郊廟之禮,桓王遣史角赴魯授禮,因留居於魯。
③ 《莊子·達生篇》與《列子·黄帝篇》文同,《吕氏春秋·審已篇》與《列子·説符篇》文同。
④ 鄭子陽:生卒年不詳,戰國前期鄭國人,事跡見《史記·鄭世家》《列子·説符》等。

老子以燕與秦楚魏並稱，則老子已及見文公之始強矣。又魏之建國（前403年），上距孔子之殁，凡七十五年，而老子以之與三國齒，則老子已及見其侯矣。《列子·黃帝篇》載老子教楊朱①事。《楊朱篇》禽子曰："以子之言問老聃、關尹，則子言當矣。以吾言問大禹、墨翟，則吾言當矣。"然則朱固老子之弟子也。又云："端木叔②者，子貢之世（後裔）也。"又云："死也無瘗（yì，埋葬）埋之資。"又云：禽滑釐曰："端木叔狂人也，辱其祖③矣。"段干生（一作"段干木"，戰國初年魏國人）曰："端木叔達人也，德過其祖矣。"朱爲老子之弟子，而及見子貢之孫之死，則朱所師之老子，不得與孔子同時也。《説苑·理政篇》楊朱見梁王，言治天下如運諸掌。梁（即魏國）之稱王自惠王始。惠王元年（前369年），上距孔子之殁，凡百十八年。楊朱已及見其王，則朱所師事之老子其年世可知矣。

《本傳》云："見周之衰，乃遂去，至關。"《抱樸子》以爲散關（在今陝西省寶雞市南郊大散嶺），又以爲函谷關。按：散關遠在岐州（治所在今陝西省鳳翔縣南），秦函谷關在靈寶縣（在今河南省靈寶市），正當周適秦之道。關尹又與鄭之列子相接，則以函谷爲是。函谷之置，書無明文。當孔子之世，二崤猶爲晉地；桃林之塞，詹瑕實守之。④惟賈誼《新書·過秦篇》云

---

① 楊朱（前395—前335）：字子居，楊朱學派的創始人，相傳爲老子弟子。生卒年據錢穆《先秦諸子繫年》。
② 端木叔：生卒年不詳，戰國時期魏國人，孔子弟子子貢之後。巨富，不治世故，後散盡其財，死後無喪葬之費。
③ 子貢（前520—前450）：複姓端木，名賜，孔子弟子。以言語科聞名，且善貨殖，富致千金。
④ 《左傳·文公十三年》："（文公）十三年，春，晉侯使詹嘉處瑕，以守桃林之塞。"杜注："詹嘉，晉大夫。賜其瑕邑令，帥衆守桃林以備秦。桃林在弘農華陰縣東潼關。"

"秦孝公據崤函之固",則是舊有其地矣。秦自躁①、懷②以後,數世終衰,至獻公而始大。故《本紀》獻公二十一年(前364年),與晉戰於石門,斬首六萬;二十三年(前362年),與魏戰少梁,虜其將公孫痤。然則是關之置,實在獻公之世矣。由是言之,孔子所問禮者聃也,其人爲周守藏之史;言與行,則《曾子問》所載者是也。周太史儋見秦獻公,《本紀》在獻公十一年(前374年),去魏文侯之歿十三年,而老子之子宗爲魏將,封於段干,則爲儋之子無疑。而言道德之意五千餘言者,儋也。其入秦見獻公即去周至關之事,《本傳》云:"或曰:儋,即老子。"其言韙(wěi,是,善也)矣。

至孔子稱老萊子今見於《太傅禮(《大戴禮記》)·衛將軍文子篇》,《史記·仲尼弟子列傳》亦載其說,而所云貧而樂者,與隱君子之文正合。老萊子之爲楚人,又見《漢書·藝文志》,蓋即苦縣厲鄉曲仁里也,而老聃之爲楚人則又因老萊子而誤。故《本傳》老子語孔子:"去子之驕色與多欲,態色與淫志。"而《莊子·外物篇》則曰:"老萊子謂孔子去汝躬矜與汝容知。"《國策》載老萊子教孔子語,《孔叢子·抗志篇》以爲老萊子語子思(孔伋,孔子嫡孫),而《說苑·敬慎篇》則以爲常樅(傳爲老子之師)教老子。然則老萊子之稱老子也舊矣,實則三人不相蒙也。若《莊子》載老聃之言,率原於道德之意,而《天道篇》載孔子西藏書於周室,尤誤後人。寓言

---

① 秦躁公(?—前429):又稱秦趮公,嬴姓,秦氏,族譜載其名欣,前442年至前429年在位。《史記》載:厲共公卒,子躁公立。躁公二年,南鄭反。十三年(前430年),義渠來伐,至渭南。十四年,躁公卒。其弟嬴封從晉歸來即位,是爲懷公。
② 秦懷公(?—前425):秦躁公之弟,前428年至前425年在位。四年(前425年),秦庶長鼌聯合其他貴族逼秦懷公自殺。次年大臣立懷公之孫爲君,是爲秦靈公。

十九,固已自揭之矣。

汪氏以老子與老萊子異,與畢説同;而以著《道德經》之老子即儋,亦與畢同;惟以著《道德經》之老子非孔子問禮之老子,則與畢説異。

近人馬敘倫①辨之云:

按:《史記·老子傳》雖若疑老子與老萊子爲一人,然《仲尼弟子傳》固判其爲二人矣。(《老子校詁·老子老萊子周太史儋老彭非一人考》)

又云:

畢氏徒以聃、儋音可通假,而不覈(hé,查核)其年之相去遠也,亦將以老子果二百餘歲邪?汪氏之説,似覈矣。然所據者多出《列子》與《文子》,二書皆漢晉以後人僞作也。(《老子校詁·老子老萊子周太史儋老彭非一人考》)

又云:

老子去周至關,當是至周竟上,即以《莊子·寓言篇》,老子西游於秦爲證,則自沛之秦越關必多,亦未必即爲函谷,不能以是謂老子即儋。老子與孔子同時,使老壽過孔

---

① 馬敘倫(1985—1970):字彝初,更字夷初,號石翁、寒香,晚號石屋老人,浙江杭縣(今浙江杭州)人。一生治學嚴謹,於文字學、金石學、訓詁學、詩詞書法皆有建樹。早年曾任編輯、教師,1949 年後出任教育部部長等職。著有《莊子札記》《莊子義證》《老子校詁》等。

子,則其孫許得爲魏將,猶子夏且爲文侯師。然則汪氏以著《道德》上下篇者爲儋,殊無碻(què,同"確")據。而聃與儋爲二人,則固以年可推而知也。(《老子校詁・老子老萊子周太史儋老彭非一人考》)

馬氏之說,比畢、汪爲進矣。
然吾以爲《史記》云:"或曰:老萊子亦楚人也,著書十五篇,言道德家之用。"與上文云:"於是老子迺著書上下篇,言道德之意,五千餘言而去。"其敘述顯爲二人,未嘗疑爲一人也。世人疑《史記》老萊子與老子爲一人者,蓋本《史記正義》。《正義》云:"太史公疑老子或是老萊子,故書之。"此《正義》之誤解史文也。史公之書老萊子,蓋以與老子爲賓耳,豈嘗有疑爲一人之意哉?
《史》文又云:

蓋老子百有餘歲,或言二百餘歲,以其修道而養壽也。自孔子死之後,百二十九年而史記周太史儋見秦獻公曰:"始秦與周合而離,離五百歲而復合,合七十歲而霸王者出焉。"或曰:儋即老子。或曰:非也。世莫知其然否。老子,隱君子也。老子之子名宗,宗爲魏將,封於段干。

此蓋漢人以老子之學爲神仙之術,而傅會爲之說。史公采以入傳,而諷刺之意甚顯,觀其"或曰非也""世莫知其然否"二語,可知矣。而於其下復大書特書老子爲隱君子,有子名宗,爲魏將,則其非神仙可知。下又云:"宗子注,注子宮,宮玄孫假,假仕於漢孝文帝,而假之子解爲膠西王卬太傅。"則老子之後嗣,歷歷可見如此,則儋倘果爲老子,老子之後嗣,豈不知之,而遽數典忘祖,待後人之疑其是非邪?是知儋決非老子,史公之意蓋見乎言外矣。後人不善讀史文,妄自誤會,而起紛紛之辨,亦可謂作繭自縛者矣。至著書上下篇之老子,與孔子問禮之老子,一謹於禮,一薄於禮,言雖相乖,理實無謬。蓋唯深知禮之意,而後能深知禮之失,亦猶其精犖於學,而後言"學不學"也。汪氏之説,豈盡然哉?

若夫《論語·述而篇》之老彭,鄭康成以爲老,老聃,彭,彭祖;包咸①以爲老彭,殷大夫;皇侃②以爲老彭,彭祖年八百歲。如包、皇説,則老彭爲彭祖一人,與著《道德經》之老子無涉;如鄭説,則老、彭是二人,一爲老聃,即著《道德經》之老子,一爲彭祖。然彭在老先,何以經不稱彭老,簡朝亮③據此駁難,不爲無見也。

近人馬敍倫云:

> 彭祖、老彭非一人,《漢書·古今人表》分之,是也。殷賢大夫之老彭與老子非一人,以其年相距甚遠也。至於《論語》之老彭是老子,知者,孔子之言曰:"述而不作,信而好古,竊比於我老彭。"(《論語·述而》)商之老彭,其事見於《大戴禮》者,不相脗(wěn,同吻)合。而《老子》五千文中,"谷神不死"四語,僞《列子》引爲《黄帝書》,黄帝雖無書,而古來傳有此説,後人仰録爲書則許有之。故《吕氏春秋》、賈誼《新書》皆有引也。又"將欲取之,必姑予之",此《周書》之辭也;

---

① 包咸(前7—65):字子良,東漢會稽曲阿(今江蘇丹陽)人。少受業長安,師事博士右師細君,習《魯詩》《論語》。建武中,入授皇太子《論語》,又爲其章句,累官至大鴻臚,卒於官。

② 皇侃(488—545):南朝梁吴郡(今江蘇蘇州)人。精通儒家經學,尤明《三禮》《孝經》《論語》。撰有《論語義疏》十卷。另撰有《禮記義疏》《孝經義疏》等,均佚。清馬國翰《玉函山房輯佚書》中有輯本。

③ 簡朝亮(1851—1933):字季紀,號竹居,廣東順德人。近代知名儒者,與康有爲同學於朱九江門下。有《朱先生講學記》《尚書集注述疏》《論語集注補正述疏》等。

"強梁者不得其死",此周廟《金人銘》之辭也;"天道無親,常與善人",郎顗①上便宜七事,以爲《易》之辭:則老子蓋張前人之義而説,不自創作也。

又《漢書·藝文志》道家前有伊尹、大公、辛甲、鬻子四家,則道德之旨,不始老子,而有所承。又《禮·曾子問》記四事,則並"述而不作,信而好古"之證也。此皆事據灼然。

若"彭"之與"聃",證之音讀,自可通假。《説文》彭從壴,彡聲,則聲歸侵類。然證之甲文作彭,或作彭,則段玉裁②刪其聲字,是也。壴邊之彡,所以表鼓聲之彭彭,於聲類宜歸陽部。

《説文》繫、紡爲一字,《春秋·成十八年》:《左傳》"士魴",《公羊傳》作"士彭",並可證也。"聃"聲談類,談、陽之通,若《國策》"更嬴虛發而鳥下",(《戰國策·楚策》)僞《列子·湯問篇》"更"作"甘",而《説文》誠重文作諴,《詩·桑柔》瞻、相、臧、腸、狂協音③,並其證矣。然使彭如舊説,從壴,彡聲,則侵、談相通,古亦有徵:《少牢禮》"有司徹乃燅(xún,溫也,或同燖)",古文"燅"作"尋";《儀禮·士冠禮》"執以待於西坫",古文"坫"爲"襜";《周禮·鍾氏》"以朱湛丹秫(shú。古代用作染料的赤粟)",注讀如"漸車帷裳"之漸,亦並其例矣。然則老子之字聃,而《論語》作"彭"者,弟子以其方言記之耳。若此事據,古籍多有,《春秋·哀十年》:《左傳》

---

① 郎顗:生卒年不詳,字雅光,北海安丘(今山東濰坊)人。東漢經學家、占候家。宗京房易學,善風角星算,並通群經。順帝征之,占災異,引《周易》經傳文陳述便宜七事,授郎中,後爲孫禮所殺。

② 段玉裁(1735—1815):字若膺,號茂堂,江蘇金壇人。乾隆時舉人,曾師事戴震,長於文字、音韻、訓詁之學,有《説文解字注》《六書音韻表》《古文尚書撰異》等。

③ 《詩經·大雅·桑柔》:"維此惠君,民人所瞻。秉心宣猶,考慎其相。維彼不順,自獨俾臧。自有肺腸,俾民卒狂。"

"薛伯夷卒"，《公羊傳》"夷"作"寅"，其一例也。

又《論語》加"我"字於"老彭"上，前儒以爲親之之辭，是也。蓋老子宋人而子姓，孔子之同姓，故然。（《老子校詁·老子老萊子周太史儋老彭非一人考》）

馬説頗爲近之。今按《老子》上下篇中稱述古聞者，頗爲不少，略録如下：

執古之道，以御今之有。能知古始，是謂道紀。十四章
古之善爲道者，微妙玄通，深不可識。十五章
古之所謂曲則全者，豈虚言哉，誠全而歸之。二十二章
昔之得一者，天得一以清，地得一以寧，神得一以靈，谷得一以盈，萬物得一以生，侯王得一以爲天下貞。三十九章
蓋聞善攝生者，陸行不遇兕虎，入軍不被甲兵，兕無所投其角，虎無所措其爪，兵無所容其刃。五十章
古之善爲道者，非以明民，將以愚之。六十五章
用兵有言：吾不敢爲主而爲客，不敢進寸而退尺。六十九章　按：上章之末云"是謂配天古之極"，或説當作"是謂配天之極"，"古"字當屬此章之首，"古"下當有"之"字，此文當爲"古之用兵者有言"。其説是也。

此皆"述而不作，信而好古"之證矣。而《韓非子·喻老篇》尤多徵引古事，以説《老子》，則亦其明驗也。則謂老彭即老聃，亦頗近事實。然老子之述古，蓋深悉於古事之得失而能創作新哲學者，故上下篇無稱述黃帝、堯、舜、禹、湯、文、武等名，均與諸子卓然獨異。而《莊子》書所引老子之言，則多掊擊黃帝堯舜之説。至流而爲韓非，則且深惡痛絶於稱道先王矣。此學者所不

可不知者也。

然則老聃何以冠以老字？何以又稱老子乎？鄭康成以老子爲壽考之稱；葛玄以爲生而皓首，故號老子；清儒姚鼐據《莊子》載孔子、陽子居皆南之沛見老聃，沛爲宋地，而宋有老氏。老子者，宋人子姓，老其氏。胡適云：

老子名耳，字聃，姓李氏，何以又稱老子呢？依我看來，那些"生而皓首，故稱老子"的話，固不足信；"以其年老，故號其書爲老子"也不足信。我以"老子"之稱，大概不出兩種解說：

（一）"老"或是字。春秋時人往往把字用在名字的前面，例如叔梁字紇名、孔父字嘉名、正字考父名、孟明字視名、孟施字舍名皆是。《左傳·文十一年》《襄十年》《正義》（孔穎達《春秋左傳正義》）都説："古人連言名字者，皆先字後名。"或者老子本名聃，字耳，一字老，古人名字同舉，先説字而後説名，故戰國時的書皆稱老聃。此與人稱叔梁紇、正考父，都不舉其姓氏，正同一例。又古人的字下可加"子"字、"父"字等字，例如孔子弟子冉求字有，可稱有子，故後人又稱"老子"。這是一種説法。

（二）"老"或是姓。古代有姓氏的區別。尋常的小百姓，各依所從來爲姓，故稱"百姓""萬姓"。貴族於姓之外，還有氏，如以國爲氏，以官爲氏之類。老子雖不曾做大官，或者源出大族，故姓老而氏李，後人不懂古代氏族制度，把氏、姓兩事混作一事，故説姓某氏，其實這三字是錯的。老子姓老，故人稱老聃，也稱老子。這也可備一説。（《中國哲學史大綱·老子》）

以上諸説，康成之説，屬望文生訓；葛玄之説，近荒誕不經；姚氏之説，無以解於《史記》姓李之言；胡氏之説，爲頗近之。然吾以謂李、老雙聲，老聃猶言李聃，老子猶言李子。李古或通里，故李克古或作里克；見《春秋·閔二年》《左傳》及《吕覽·先已篇》注，又《史記·魏世家》及《韓詩外傳》。理亦作李，見《管子·大匡篇》及《五行篇》。在古則爲里、爲理，在後世則爲李；方言音轉，則李、老雙聲，猶離婁爲雙聲也。故老聃亦有稱李聃者。見《六臣文選·景福殿賦》善注。然古來皆稱老子而獨無稱李子者，猶《論語》稱老彭而不稱老聃，方言習慣使之然也。

然則老子之名字爲何邪？此則《史記》雖有記載，當據王念孫①《讀書雜誌》訂正。王念孫云：

《史記②》原文本作"名耳，字聃，姓李氏"。今本"姓李氏"，在"名耳"之上，"字聃"作"字伯陽，謚曰聃"，此後人取神仙家書改竄之耳。《索隱》本書"名耳，字聃，姓李氏"七字。注云："按：許慎云：'聃，耳曼也。'故名耳，字聃。有本字伯陽，非正也。老子號伯陽父。此傳不稱也。"據此則唐時本已有作伯陽者，而小司馬（司馬貞）引《説文》以正之。

又按：《經典釋文·序録》曰："老子者，姓李，名耳，字伯陽。"《史記》云"字聃"，《文選·征西官屬送於涉陽侯詩》注引《史記》曰"老子，字聃"，《游天台山賦》注及《後漢書·桓帝紀》注並引《史記》曰"老子名耳，字聃，姓李氏"，則陸及二李所見本，蓋與小司馬本同。而今本云云，爲後人所改竄，明矣。

---

① 王念孫(1744—1832)：字懷祖，號石臞，清江蘇高郵人。少時即博通群經，旁涉史鑒，師從戴震，是徽派樸學的代表人物，有《廣雅疏證》《讀書雜誌》等。
② 史記：通行本作"史公"。

又按:《文選・反招隱詩》注引《史記》曰"老子名耳,字聃",又引《列仙傳》曰"李耳,字伯陽",然則"字伯陽",乃《列仙傳》文。若史公以老子爲周之伯陽父,則不當列於管仲之後矣。(《讀書雜誌・史記》)

王校甚是。柱據此並頗疑或説《史記》"蓋老子百有六十餘歲"至"或曰儋即老子,或曰非也,世莫知其然否"一段,爲後人妄加,非史公之本文,其言不爲無見,唯無確據耳。

老子之別傳

　　太史公《史記·老子列傳》，余已録於上篇，且略爲論定矣。然吾觀《莊子》所録老子之言行，有深足以補史文所不逮者。《莊子》書雖多寓言，然其言老子，則不特比後世所爲《神仙傳》者流爲徵實，且比之《史記》尤無迷離怳忽之言，故今采録其文，而爲斯傳。

　　以本爲精，以物爲粗，以有積爲不足，澹然獨與神明居。古之道術，有在於是者，關尹、老聃，聞其風而悦之。建之以常無有，主之以太一，以濡弱謙下爲表，以空虚不毁萬物爲實。

　　關尹曰："在己無居，形物自著。其動若水，其靜若鏡，其應若響。芴(hū，同忽)乎若亡，寂乎若清。同焉者和，得焉者失。未嘗先人，而常隨人。"

　　老聃曰："知其雄，守其雌，爲天下谿；知其白，守其辱，爲天下谷。"人皆取先，己獨取後。曰："受天下之垢。"人皆取實，己獨取虚，無藏也故有餘，巋然而有餘。其行身也，徐而不費，无爲也而笑巧；人皆求福，己獨曲全。曰："苟免於谷。"以深爲根,以約爲紀。曰:"堅則毀矣,銳則挫矣。"常寬容於物,不削於人,可謂至極。

關尹、老聃乎,古之博大真人哉!《天下篇》。先錄此段,見老子學問之全體,爲本傳之論贊,略仿《史記·伯夷列傳》例也。

孔子行年五十有一而不聞道,乃南之沛見老聃。

老聃曰:"子來乎?吾聞子,北方之賢者也,子亦得道乎?"孔子曰:"未得也。"

老子曰:"子惡乎求之哉?"曰:"吾求之於度數,五年而未得也。"

老子曰:"子又惡乎求之哉?"曰:"吾求之於陰陽,十有二年而未得。"

老子曰:"然。使道而可獻,則人莫不獻之於其君;使道而可進,則人莫不進之於其親;使道而可以告人,則人莫不告其兄弟;使道而可以與人,則人莫不與其子孫。然而不可者,无它也,中无主而不止,外無正而不行。由中出者,不受於外,聖人不出;郭①注:由中出者,聖人之道也。外有能受之者,乃出耳。由外入者,无主於中,聖人不隱。郭注:由外入者,假學以成性者也。雖性可學成,然要當内有其質,若無主於中,則無以藏聖道也。名,公器也,不可多取。仁義,先王之蘧(qú)廬(猶傳舍)也,止可以一宿而不可久處,覯(gòu,久也)而多責。

"古之至人,假道於仁,託宿於義,以游逍遙之虛,食於苟簡之田,立於不貸之圃。逍遙,无爲也;苟簡,易養也;不貸,无出也。古者謂是采真之游。以富爲是者,不能讓禄;

---

① 郭象(約252—312):字子玄,西晉洛陽(今河南洛陽)人。官至黃門侍郎、太傅主簿,好儒術,融合老莊,善清談。注《莊子》,由向秀注"述而廣之",流傳至今。

以顯爲是者,不能讓名;親權者,不能與人柄。操之則慄,舍之則悲,而一無所鑒,以闚其所不休者,是天之戮民也。怨、恩、取、與、諫、教、生、殺,八者正之器也,唯循大變无所湮者爲能用之。故曰:正者,正也。其心以爲不然者,天門弗開矣。"《天運篇》。次錄此段以見老子所居之地。

孔子見老聃而語仁義。老聃曰:"夫播穅眯目,則天地四方易位矣;蚊虻噆(zǎn,咬)膚,則通昔不寐矣。夫仁義憯(cǎn,同慘)然,乃憒吾心,亂莫大焉。吾子使天下無失其樸,吾子亦放風而動,總德而立矣,又奚傑然若負建鼓而求亡子者邪?夫鵠不日浴而白,烏不日黔而黑。黑白之樸,不足以爲辯;名譽之觀,不足以爲廣。泉涸,魚相與處於陸,相呴(xǔ,呼氣)以濕,相濡以沫,不若相忘於江湖。"

孔子見老聃歸,三日不談。弟子問曰:"夫子見老聃,亦將何規哉?"孔子曰:"吾今乃於是乎見龍。龍合而成體,散而成章,成①雲氣而養乎陰陽。予口張而不能嗋(xié,合也),予何規老聃哉?"

子貢曰:"然則人固有尸居而龍見,雷聲而淵默,發動如天地者乎? 賜亦可得而觀乎?"遂以孔子聲見老聃。

老聃方將倨堂而應,微曰:"予年運而往矣,子將何以戒我乎?"子貢曰:"夫三王五帝之治天下不同,其係聲名,一也。而先生獨以爲非聖人,如何哉?"

老聃曰:"小子少進。子何以謂不同?"對曰:"堯授舜,舜授禹。禹用力而湯用兵,文王順紂而不敢逆,武王逆紂而不肯順,故曰不同。"

---

① 成:通行本作"乘"。

老聃曰:"小子少進,余語汝三皇五帝之治天下。黃帝之治天下,使民心一,民有其親死不哭而民不非也。堯之治天下,使民心親,民有爲其親殺其殺①而民不非也。舜之治天下,使民心競。民孕婦十月生子,子生五月而能言,不至乎孩而始誰,則人始有夭矣。禹之治天下,使民心變。人有心而兵有順,殺盜非殺,人自爲種而天下耳。郭注:不能大齊萬物而人人自別,斯人自爲種也。承百代之流而會乎當今之變,其弊至於斯者,非禹也,故曰:天下耳。言聖知之迹非亂天下,而天下必有斯亂。是以天下大駭,儒墨皆起。其作始有倫,而今乎婦女,郭慶藩云:家世父曰:《荀子·樂論》"亂世之徵,其服組,其容婦"。楊倞(jìng)②注:婦,好貌。"而今乎婦女",言諸子之興,其言皆有倫要而終相與爲諧好以悦人也。何言哉? 余語女:三皇五帝之治天下,名曰治之,而亂莫甚焉。三皇之知,上悖日月之明,下睽(kuí,乖離)山川之精,中墮四時之施。其知憯於蠣蠆③之尾,鮮規(即規鮮,歸取新鮮的肉)之獸,莫得安其性命之情者,而猶自以爲聖人,不可恥乎? 其无恥也!"

子貢蹴蹴然立不安。

孔子謂老聃曰:"丘治《詩》《書》《禮》《樂》《易》《春秋》六經,自以爲久矣,孰知其故矣。以奸(gān,求也)者七十二君,論先王之道,而明周、召之迹,一君無所鉤用。甚矣夫! 人之難説也! 道之難明邪!"

老子曰:"幸矣,子之不遇治世之君也。夫六經,先王之陳迹也,豈其所以迹哉? 今子之所言,猶迹也。夫迹,履之

---

① 殺:唐寫本及成疏本作"服"。殺,降殺,降級。服,喪服,周禮喪服分爲斬衰、齊衰、大功、小功、緦麻五級,與死者親疏關係不同而穿與之匹配的喪服。
② 楊倞:生卒年不詳,唐憲宗年間弘農(今河南靈寶縣南)人。大理評事,著《荀子注》。
③ 蠣蠆(lìchài):一種尾巴有毒的蟲,長尾爲蠣,短尾爲蠆。

所出,而迹豈履哉？夫白鶂(yì)之相視,眸子不運而風化；蟲,雄鳴於上風,雌應於下風而風化。郭注:鶂以眸子相視,蟲以鳴聲相應,俱不待合而便生子,故曰風化。類自爲雌雄,故風化。性不可易,命不可變,時不可止,道不可壅。苟得於道,無自而不可；失焉者,無自而可。"

　　孔子不出,三月,復見,曰:"丘得之矣。烏鵲孺(孵化而生子),魚傅沫(口沫相交而受孕),細要(同腰)者化,有弟而兄啼。久矣夫！丘不與化爲人。不與化爲人,安能化人？"老子曰:"可,丘得之矣。"《天運篇》

　　孔子原作"夫子"。《釋文》:"夫子,仲尼也。"問於老聃曰:"有人治道若相放,可不可,然不然。辯者有言曰:離堅白,若縣寓(同宇)。若是則可謂聖人乎？"老聃曰:"是胥易技係,勞形怵心者也。執留之狗成思,猿狙之便自山林來。郭慶藩云:家世父曰:熟玩文義,言狗留繫思,脫然以去。猨狙之在山林,號爲便捷矣,而可執之以來,皆失其性者也。丘,予告若,而所不能聞與而所不能言。凡有首有趾,无心无耳者衆；有形者與無形無狀而皆存者盡無。其動,止也；其死,生也；其廢,起也；此又非其所以也。有治在人,忘乎物,忘乎天,其名爲忘己。忘己之人,是之謂入於天。"《天地篇》

　　孔子西藏書於周室,子路謀曰:"由聞周之徵藏史有老聃者,免而歸居,夫子欲藏書,則試往因焉。"孔子曰:"善。"

　　往見老聃,而老聃不許。於是繙(fān,反復)十二經以說。老聃中其說,曰:"大謾,願聞其要。"孔子曰:"要在仁義。"

　　老聃曰:"請問仁義,人之性邪？"孔子曰:"然。君子不仁則不成,不義則不生。仁義,真人之性也,又將奚爲矣？"

　　老聃曰:"請問何謂仁義？"孔子曰:"中心物愷(kǎi,和樂),兼愛無私,此仁義之情也。"老聃曰:"意!幾乎後言。夫兼愛,不亦迂乎?無私焉,乃私也。夫子若欲使天下無失其牧乎?則天地固有常矣,日月固有明矣,星辰固有列矣,禽獸固有群矣,樹木固有立矣。夫子亦放德而行,循道而趨,已至矣。又何偈偈乎揭仁義,若擊鼓而求亡子焉?意,夫子亂人之性也。"《天道篇》

　　孔子見老聃,老聃新沐,方將被髮而乾,慹(zhé,通蟄,不動貌)然似非人。孔子便而待之,少焉見,曰:"丘也眩與?其信然與?向者先生形體掘(兀兀然)若槁木,似遺物離人而立於獨也。"老聃曰:"吾游於物之初。"

　　孔子曰:"何謂邪?"曰:"心困焉而不能知,口辯①焉而不能言。嘗爲汝議乎其將:至陰肅肅,至陽赫赫。肅肅出乎天,赫赫發乎地。兩者交通成和而物生焉,或爲之紀而莫見其形。消息滿虛,一晦一明,日改月化,日有所爲,而莫見其功。生有所乎萌,死有所乎歸,始終相反乎無端,而莫知其所窮。非是也,且孰爲之宗?"

　　孔子曰:"請問游是。"

　　老聃曰:"是至美至樂也。得至美而游乎至樂,謂之至人。"

　　孔子曰:"願聞其方。"曰:"草食之獸,不疾易藪;水生之蟲,不疾易水;行小變而不失其大常也,喜怒哀樂不入於胸次。夫天下者也,萬物之所一也。得其所一而同焉,則四支百體將爲塵垢,而死生終始將爲晝夜,而莫之能滑,而況得喪禍福之所介乎?棄隸者若棄泥塗,知身貴於隸也。貴在

---

① 辯:通行本作"辟"。

於我而不失於變,且萬化而未始有極也。夫孰足以患心,已爲道者解乎此。"

孔子曰:"夫子德配天地,而猶假至言以修心。古之君子,孰能脫焉?"老聃曰:"不然。夫水之於汋(zhuó,激水之聲)也,無爲而才自然矣。至人之於德也,不修而物不能離焉。若天之自高,地之自厚,日月之自明,夫何修焉?"

孔子出,以告顏回曰:"丘之於道也,其猶醯(xī)雞(蠛蠓也,古人以之爲醋上白霉變成)與?微夫子之發吾覆也,吾不知天地之大全也。"《田子方篇》

孔子問於老聃曰:"今日晏閒,敢問至道。"

老聃曰:"汝齊戒,疏瀹(yuè,疏導)而心,澡雪而精神,掊擊而知。夫道窅(yǎo,深遠)然難言哉!將爲汝言其崖略。夫昭昭生於冥冥,有倫生於無形,精神生於道,形本生於精,而萬物以形相生。故九竅者胎生,八竅者卵生。其來無迹,其往無崖,無門無房,四達之皇皇也。邀於此者四肢彊,思慮恂達,耳目聰明。其用心不勞,其應物無方,天不得不高,地不得不廣,日月不得不行,萬物不得不昌,此其道與!且夫博之不必知,辯之不必慧,聖人以斷之矣。若夫益之而不加益,損之而不加損者,聖人之所保也。淵淵乎其若海,巍巍乎其終則復始也。運量萬物而不匱,則君子之道彼其外與?萬物皆往資焉而不匱,此其道與?"《知北游篇》

魯有兀者(斷去一足之人)叔山無趾,踵見仲尼,仲尼曰:"子不謹前,既犯患若是矣。雖今來何及矣。"無趾曰:"吾唯不知務而輕用吾身,吾是以亡足。今吾來也,猶有尊足者存，吾以務全之也。夫天無不覆，地無不載，吾以夫子爲天地，安知夫子之猶若是也。"孔子曰："丘則陋矣。子胡不入乎？請講以所聞。"無趾出。孔子曰："弟子勉之！夫無趾，兀者也，猶務學以復補前行之惡，而況全德之人乎？"

無趾語老聃曰："孔丘之於至人，其未邪？彼何賓賓以學子爲？彼且蘄(qí，同"祈")以諔(chù)詭(奇異)幻怪之名聞，不知至人之以是爲己桎梏邪？"老聃曰："胡不直使彼以死生爲一條，以可不可爲一貫者，解其桎梏其可乎？"無趾曰："天刑之，安可解。"《德充符篇》。以上老子與孔子及孔子弟子之問答，故類錄之。

陽子居南之沛，老聃西游於秦，邀於郊，至於梁而遇老子。老子中道仰天而歎曰："始以汝爲可教，今不可也。"陽子居不答。至舍，進盥漱巾櫛(zhì，梳頭之具)，脫屨戶外，膝行而前，曰："向者弟子欲請夫子，夫子行不閒，是以不敢。今閒矣，請問其過。"

老子曰："而睢睢(仰視貌)盱盱(張目直視貌)，而誰與居？大白若辱，盛德若不足。"陽子居蹴然變容曰："敬聞命矣。"其往也，舍者迎將其家，公執席，妻執巾櫛，舍者避席，煬者避竈。其反也，舍者與之爭席矣。《寓言篇》

陽子居見老聃曰："有人於此，嚮疾强梁，物徹疏明，學道不勌(同"倦")，如是者可比明王乎？"老聃曰："是於聖人也，胥易(胥徒供役治事)技係(凡執技以事上者，不貳事，不移官)，勞形怵心者也。且曰虎豹之文來田(打獵)，猨狙(獼猴)之便、執斄(lí，牦牛)之狗來籍(繩索也)。如是者可比明王乎？"

陽子居蹴然曰："敢問明王之治？"老聃曰："明王之治，功蓋天下而似不自己，化貸萬物而弗恃①；有莫舉名，使物自喜；立乎不測，而游於無有者也。"《應帝王篇》。以上老子與陽子居之問答，故類錄之。

崔瞿問於老聃曰："不治天下，安藏人心？"

老聃曰："女慎无攖人心。人心排下而進上，上下囚殺，淖（chuò）約（柔弱）柔乎剛彊，廉劌（guì，傷也）彫琢，其熱焦火，其寒凝冰。其疾俛仰之間，而再撫四海之外。其居也淵而靜，其動也縣而天。憤驕而不可係者，其唯人心乎？昔者黃帝始以仁義攖人之心，堯舜於是乎股無胈，脛無毛，以養天下之形，愁其五藏以為仁義，矜其血氣以規法度。然猶有不勝也。堯於是放驩兜②於崇山（在今湖南張家界市西南），投三苗③於三峗④，流共工於幽都（今北京密雲區境），此不勝天下也。夫施及三王，而天下大駭矣。下有桀、跖，上有曾、史。⑤ 於是乎喜怒相疑，愚知相欺，善否相非，誕信相譏，而天下衰矣；大德不同，而性命爛漫矣；天下好知，而百姓求（通賕，財貨。说求竭即膠葛）竭矣。於是乎釿鋸制焉，繩墨殺焉，椎鑿決焉。天下脊脊大亂，罪在攖人心。故賢者伏處大山嵁（kān，高峻）巖之下，而萬乘之君憂慄乎廟堂之上。今世

---

① 化貸萬物而弗恃：通行本作"化貸萬物而民弗恃"。
② 驩兜（huāndōu）：傳說爲帝鴻氏之子，又稱混沌，與共工、鯀一起作亂，而被舜流放到崇山。
③ 三苗：古國名，傳說在洞庭湖與鄱陽湖之間。這裡指代三苗的國君，傳說是縉雲氏之子，又稱饕餮，堯時諸侯。
④ 三峗（wéi）：山名，在今甘肅敦煌一帶，一說在甘肅天水。
⑤ 下脫"儒墨并起"。

殊死者,相枕也;桁(háng)楊(架綁在腳和頸上的刑具)者,相推也;刑戮者,相望也;而儒墨乃始離跂攘臂乎桎梏之間。意!甚矣哉!其無愧而不知恥也甚矣!吾未知聖知之不爲桁楊接槢(xí,械楔)也!仁義之不爲桎梏鑿枘(záoruì,榫眼和榫頭)也!焉知曾、史之不爲桀、跖嚆(hāo,呼叫)矢也!故曰:絶聖棄知,而天下大治。"《在宥篇》

士成綺見老子而問曰:"吾聞夫子聖人也。吾固不辭遠道而來願見,百舍(三十里謂一舍)重趼(jiǎn,老繭也)而不敢息。今吾觀子非聖人也,鼠壤有餘蔬,而棄妹(同眛,棄蔑)之者不仁也。生熟不盡於前,而積斂无崖。"老子漠然不應。士成綺明日復見,曰:"昔者吾有刺於子,今吾心正郤(通隙,有所覺悟)矣,何故也?"

老子曰:夫巧知神聖之人,吾自以爲脱焉。昔者子呼我牛也而謂之牛,呼我馬也而謂之馬。苟有其實,人與之名而弗受,再受其殃。吾服也恆服,吾非以服有服。"士成綺雁行避影,履行遂進,而問修身若何?

老子曰:"而容崖然(高傲貌),而目衝然(鼓目突視),而顙頯(kuí,高亢顯露貌)然,而口闞然(張口動脣貌),而狀義(通峨,高傲貌)然,似繫馬而止也。動而持,發也機,察而審,知巧而覩於泰,凡以爲不信。邊竟有人焉,其名爲竊。"《天道篇》。郭注:"亦如汝所行,非正人也。"

老聃之役,有庚桑楚者,徧①得老聃之道,以北居畏壘之山,其臣之畫然知者去之,其妾之挈然(自矜貌。挈,通契)

---
① 徧:通行本作"偏"。

仁者遠之,擁腫(臃腫,淳樸自得貌)之與居,鞅掌(勞苦奔走之人)之爲使。居三年,畏壘大穰(通穰,豐收),畏壘之民,相與言曰:"庚桑子之始來,吾洒然異之。今吾日計之而不足,歲計之而有餘,庶幾其聖人乎?子胡不相與尸①而祝之,社而稷之乎?"

庚桑子聞之,南面而不釋然,弟子異之。庚桑子曰:"弟子何異於予?夫春氣發而百草生,正得秋而萬寶成。夫春與秋豈无得而然哉?天道已行矣。吾聞至人,尸居環堵之室,而百姓猖狂不知所如往。今以畏壘之細民,而竊竊焉欲俎豆予於賢人之間。我其杓(biāo,爲物標榜)之人邪?吾是以不釋於老聃之言。"

弟子曰:"不然,夫尋常之溝,巨魚無所還其體,而鯢鰌爲之制;步仞之丘陵,巨獸無所隱其軀,而孽(niè)狐(野狐)爲之祥。且夫尊賢授能,先善與利,自古堯舜以然,而況畏壘之民乎?夫子亦聽矣。"

庚桑子曰:"小子來,夫函車之獸,介而離山,則不免於罔罟之患;吞舟之魚,碭(同蕩)而失水,則蟻能苦之。故鳥獸不厭高,魚鼈不厭深。夫全其形生之人,藏其身也,不厭深眇而已矣。且夫二子者,又何足以稱揚哉?是其於辯也,將妄鑿垣墻而殖蓬蒿也。簡髮而櫛,數米而炊,竊竊乎又何足以濟世哉!舉賢則民相軋,任知則民相盜。之數物者,不足以厚民。民之於利甚勤,子有殺父,臣有殺君,正畫爲盜,日中穴阫(péi,墻)。吾語女,大亂之本,必生於堯舜之間,其末存乎千世之後。千世之後,其必有人與人相食者也。"

南榮趎(chú)蹴然正坐曰:"若趎之年者已長矣。將惡

---

① 尸:古代代表死者受祭的活人,後用神主牌代替。

乎託業以及此言邪?"庚桑子曰:"全汝形,抱汝生,無使汝思慮營營。若此三年,則可以及此言矣。"

南榮趎曰:"目之與形,吾不知其異也,而盲者不能自見;耳之與形,吾不知其異也,而聾者不能自聞;心之與形,吾不知其異也,而狂者不能自得。形之與形亦辟矣,而物或間之邪?欲相求而不能相得。今謂趎曰:全汝形,抱汝生,勿使汝思慮營營。趎勉聞道達耳矣。"

庚桑子曰:"辭盡矣。奔蜂(細腰小蜂)不能化藿蠋(生長在豆類植物上的毛蟲),越雞不能伏(孵化)鵠卵。魯雞固能矣,雞之與雞,其德非不同也,有能與不能者,其才固有巨小也。今吾才小,不足以化子,子胡不南見老子?"

南榮趎贏糧七日七夜,至老子之所。老子曰:"子自楚之所來乎?"南榮趎曰:"唯。"老子曰:"子何與人偕來之衆也?"南榮趎懼然顧其後。老子曰:"子不知吾所謂乎?"南榮趎俯而慚,仰而歎,曰:"今者吾忘吾答,因失吾問。"老子曰:"何謂也?"南榮趎曰:"不知乎?人謂我朱愚(即侏愚,智術短小)。知乎?反愁我軀。不仁則害人,仁則反愁我身;不義則傷彼,義則反求我己。我安逃此而可?此三言者,趎之所患也。願因楚而問之?"

老子曰:"向吾見若眉睫之間,吾因以得汝矣。今汝又言而信之,若規規然若喪父母,揭竿而求諸海也,女亡人哉!惘惘乎!汝欲反汝情性而無由入,可憐哉!"

南榮趎請入就舍,召其所好,去其所惡。十日自愁,復見老子。老子曰:"汝自洒濯熱①哉!鬱鬱乎!然其中津津乎!猶有惡也!夫外韄(huò,束縛)者不可繁而捉,將內揵

---

① 熱:通行本作"熟"。

(同楗,關閉);内韄者不可繆而捉,將外揵。外内韄者,道德不能持,而況放道而行者乎?"

南榮趎曰:"里人有病,里人問之,病者能言其病;然其病病者猶未病也。若趎之聞大道,譬猶飲藥加病也。趎願聞衛生之經而已矣。"

老子曰:"衛生之經,能抱一乎?能勿失乎?能无卜筮而知凶吉乎?原作"吉凶",依王念孫校改作"凶吉"。能止乎?能已乎?能舍諸人而求諸己乎?能翛(xiāo)然(無拘無束貌)乎?能侗(dòng)然(心懷開朗貌)乎?能兒子(小兒天真貌)乎?兒子終日嗥而嗌不嗄,和之至也;終日握而手不掜,共其德也;終日視而目不瞚(同瞬),偏不在外也。行不知所之,居不知所爲,與物委蛇而同其波,是衛生之經已。"

南榮趎曰:"然則是至人之德已乎?"曰:"非也。是乃所謂冰解凍釋者。能乎?夫至人者,相與交食乎地而交樂乎天,不以人物利害相攖,不相與爲怪,不相與爲謀,不相與爲事,翛然而往,侗然而來。是謂衛生之經已。"曰:"然則是至乎?"曰:"未也。吾固告汝曰:能兒子乎?兒子動不知所爲,行不知所之,身若槁木之枝而心若死灰。若是者,禍亦不至,福亦不來!禍福無有,惡有人災也?"《庚桑楚篇》

柏矩學於老聃曰:"請之天下游。"老聃曰:"已矣。天下猶是也。"又請之。老聃曰:"汝將何始?"曰:"始於齊。"

至齊,見辜人(死刑示眾者)焉,推而强之,解朝服而幕之,號天而哭之,曰:"子乎!子乎!天下有大菑(同"災"),子獨先離(同"罹")之!"

曰："莫爲盜，莫爲殺人。榮辱立然後覩所病，貨財聚然後覩所爭。今立人之所病，聚人之所爭，窮困人之身，使無休時，欲無至此，得乎？古之君民①者，以得爲在民，以失爲在己；以正爲在民，以枉爲在己；故一形有失其形者退而自責。今則不然，匿爲物而愚不識，大爲難而罪不敢，重爲任而伐不勝，遠其塗而誅不至。民知力竭，則以僞繼之。日出多僞，士民安取不僞？夫力不足則僞，智不足則欺，財不足則盜。盜竊之行，於誰責而可乎？"《則陽篇》。以上老子與其徒役等問答，故類錄之。

老聃原作"夫子"。成疏云："莊周師老君，故呼爲夫子。"曰："夫道於大不終，於小不遺，故萬物備，廣廣乎其無不容也！淵乎其不可測也！形德仁義，神之末也，非至人孰能定之？夫至人有世，不亦大乎？而不足以爲之累，天下奮棅(通"柄")而不與之偕，審乎無假而不與利遷，極物之真，能守其本。故外天地，遺萬物，而神未嘗有所困也。通乎道，合乎德，退仁義，賓禮樂，至人之心有所定矣。"《天道篇》。以上老子語附記於此，仿《史記・孔子世家》例也。

老聃死，秦失弔之，三號而出。弟子曰："非夫子之友邪？"曰："然。然則弔焉若此可乎？"曰："然。始也，吾以爲其人也，而今非也。向吾入而弔焉，有老者哭之，如哭其子；少者哭之，如哭其母。彼其所以會之，必有不言然而言②，不蘄哭而哭者，是遁天倍情，忘其所受，古者謂之遁天之刑。

---

① 民：通行本作"人"。
② 必有不言然而言：通行本作"必有不蘄言而言"。

適來，夫子時也；適去，夫子順也。安時而處順，哀樂不能入也，古者謂是帝之縣解。指窮於爲薪，火傳也，不知其盡也。"《養生主篇》。以上老子死事錄之於末，以見老子之終。

老子之文學

昔司馬談①《論六家要旨》,稱"道家無爲又曰無不爲,其實易行,其辭難知"。太史公於《老莊申韓列傳》後,亦稱"老子所貴道,虛無因應,變化於無爲,故著書辭稱微妙難識"。又云:"老子深遠矣。"然則老子之文辭,其爲古人所重可知。雖然,此皆指其內容而言,未及言其外式也。吾嘗以謂文之理想爲内容,文之音韻形色爲外式。文之内容,猶人之精神;文之外式,猶人之形體。被錦繡於垂死之人,固不能以其爲美;然殘生人之形體,使手足偏枯,語言瘖啞,則其精神豈有不受其損失者哉?

孟子曰:"西子蒙不潔,則人皆掩鼻而過之。"(《孟子·離婁下》)是則外式有不可不注意者矣。夫手足偏枯,言語瘖啞,則精神必受其累;反而言之,手足敏捷,語言清晰,則其人之精神豈不奕然可見哉?蒙不潔則人掩鼻,反而言之,衣文采,被芬芳,則西子之美豈不益美?文學之貴乎内容,而亦貴乎外式,亦猶是耳。今請以老子之文證之,《老子》爲哲學之書,其内容之美,太史公

---

① 司馬談(?—前110):西漢夏陽(今陝西韓城人),司馬遷之父。建元、元封年間擔任太史令,學天官於唐都,受《易》於楊何,習道論於黄子,在《論六家要旨》中對諸子學脈進行了總結。

父子言之善矣。茲論其外式。

一　音　韻

《老子》全書多用韻語,如第一章云:

> 無名天地之始,有名萬物之母。故常無,欲以觀其妙;常有,欲觀其徼。

此文"始""母"韻,"妙""徼"韻。
又如第二章云:

> 故有無相生,難易相成,長短相形,高下相傾。

此文"生""成""形""傾"韻。有以同字爲韻者,如第一章云:

> 道可道,非常道;名可名,非常名。
> 此兩者同,出而異名;同謂之玄,玄之又玄,衆妙之門。

此文三"道"字韻,三"名"字韻,二"玄"字韻。有現似不韻,而在古爲韻者,如第八章云:

> 正善治,事善能,動善時;夫惟不爭,故無尤。

此文除"治""時"韻本甚易知外,其餘"能""爭""尤"均似不韻。然古"能"字通作"而","爭"字讀作脂,"尤"字讀作移,則亦

與"治""時"韻也。又有句中自爲韻者,如四十四章云:

> 名與身,孰親?身與貨,孰多?得與亡,孰病?甚愛,必大費;多藏,必厚亡;知足,不辱;知止,不殆;可以長久。

此文"身""親"爲韻,"貨""多"爲韻,"亡""病"爲韻,"愛""費"爲韻,"藏""亡"爲韻,"足""辱"爲韻,"止""殆"爲韻,"以""久"爲韻:皆每一句句中字與末字爲韻者也。此與《詩·鄘風·蝃蝀(dìdōng,彩虹)》篇"蝃蝀在東","蝀""東"爲韻,"朝隮(jī,升起)於西","隮""西"爲韻,其例同也。

至其轉韻,尤多屬天籟之自然。如第二章云:

> 萬物作焉而不辭,生而不有,爲而不恃;功成而弗居;夫惟弗居,是以不去。

此文"辭""有""恃"爲一韻,"居""居""去"爲一韻,是轉韻矣。然合之則"辭""有""恃""居""居""去"六字亦可謂爲一韻,猶賈誼《鵩(fú)鳥賦》以"魚""疑"相韻也。又如第六章云:

> 谷神不死,是謂玄牝;玄牝之門,是謂天地根;綿綿若存,用之不勤。

此文"牝"讀"匕",與"死"爲一韻,然"牝"亦讀毗忍切,則又可與"門"韻,是又通爲一韻矣。然此兩段之"辭""有""恃"諸字,與"居""居""去"諸字,各自爲類,"死""牝"二字,與"門""根""存""勤"四字,亦各自爲類;界限畫然,各不相雜,則又各自爲韻

也。蓋以雙聲①對轉②之韻,而爲轉韻之法也。《詩經》轉韻最工此法,如《王風·葛藟》云:

緜緜葛藟,在河之滸！終遠兄弟,謂他人父！謂他人父！亦莫我顧！

緜緜葛藟,在河之涘！終遠兄弟,謂他人母！謂他人母！亦莫我有！

緜緜葛藟,在河之漘！終遠兄弟,謂他人昆！謂他人昆！亦莫我聞！

此詩第一章,"滸""父""父""顧"爲韻;第二章,轉爲"涘""弟""母""母""有"韻。此其相轉猶《老子》第二章"辭""有""恃"韻與"居""居""去"韻相轉之理一也。第二章,"涘""母""母""有"爲韻,而第三章又轉爲"漘""昆""昆""聞"韻;亦猶《老子》第六章"死""牝"韻而下轉爲"門""根""存""勤"韻,一例也。蓋由甲韻轉乙韻時,雖各自爲韻,而兩韻又本可雙聲對轉者也。故其韻轉而不轉,不轉而轉,讀之能極其音韻之自然,故鏗鏘動聽也。此論其音調也,兹進而論其辭句之體製。

二 體　製

甲,有似三言詩者,如第三章云:

虛其心,實其腹,弱其志,強其骨。

---

① 雙聲:雙音節詞兩個字的反切上字相同,即聲母相同。
② 對轉:亦稱"換韻",韻文每隔若干句轉換一韻。

第四章云：

　　挫其銳，解其紛，和其光，同其塵。

第八章云：

　　居善地，心善淵，與善仁，言善信，正善治，事善能，動善時。

凡此之類是也。

乙，有似四言詩者，如第二十一章云：

　　孔德之容，唯道是從；道之爲物，唯恍唯惚。忽兮恍兮，其中有象；恍兮忽兮，其中有物。窈兮冥兮，其中有精；其精甚真，其中有信。

第四十五章云：

　　大成若缺，其用不敝；大盈若沖，其用不窮；大直若屈；大巧若拙；大辯若訥。

凡此之類是也。有似六言詩者，第十二章云：

　　五色令人目盲，五音令人耳聾，五味令人口爽。

凡此之類是也。有似七言詩者，如第十章云：

滌除玄覽能無疵？愛民治國能無爲？天門開闔能爲雌？明白四達能無知？

此章除末四字句外，王弼①本句末均有"兮"字，古本均無之。又有似《楚辭》體者，如第十五章云：

豫兮若冬涉川，猶兮若畏四隣，儼兮其若客，涣兮若冰之將釋，敦兮其若樸，曠兮其若谷，渾兮其若濁。

第二十章云：

衆人熙熙，如享太牢，如登春臺；我獨泊兮其未兆，如嬰兒之未孩，乘乘兮若無所歸。

凡此之類是也。有似歌行者，如第二十八章云：

知其雄，守其雌，爲天下谿；爲天下谿，常德不離，復歸於嬰兒。知其白，守其黑，爲天下式；爲天下式，常德不忒，復歸於無極。知其榮，守其辱，爲天下谷；爲天下谷，常德乃足，復歸樸。

凡此之類是也。凡此等均屬詩之形式者，後世說理之詩近之。夫《老子》言哲理之文也，尚用韻以助文之神情，而今人言情之詩，乃反不用韻，則其表情之具，不已缺乏乎？

《老子》之文，說理既精微，造詞亦神妙。其在文學，可謂内

---

① 本書所引王弼注老子均出自王弼《老子注》，下文不再出注。

容外式，均能並美者，故古來文學界，亦引用甚博。茲將《文選》所引者，略錄如下：

  愫愫（dié，驚恐狀）黔首，豈徒跼（jú，彎腰）高天、蹐（jí，小步走）厚地①而已哉？乃救死於其頸。張平子②《東京賦》注。善③曰：老子曰"聖人在天下愫渫焉"。（《道德經‧第四十九章》）柱按：六臣《文選》本題作《東都賦》，注云"東京謂洛陽"，則題誤也。又本文作"愫愫"，善注作"愫渫"，誤。

  是以西匠營宮，目翫（wán，同"玩"，習也）阿房。規摹踰溢，不度不臧。損之又損④，然尚過於周堂。同上注。善曰：老子曰："損之又損之，以至於無爲也。"（《道德經‧第四十八章》）

  睿哲玄覽，都茲洛宮。同上注。善曰：老子曰"滌除玄覽"。（《道德經‧第十章》）

  將使心不亂其所在，目不見其所可欲⑤。同上注。善曰：老子曰："不見可欲，使心不亂。"（《道德經‧第三章》）

  終日不離於⑥輜重，獨微行其焉如？同上注。善曰：老子曰"聖人終日行不離輜重"。（《道德經‧第二十六章》）張揖⑦曰："輜

---

① 跼高天、蹐厚地：出自《詩‧小雅‧正月》"謂天蓋高，不敢不跼；謂地蓋厚，不敢不蹐。"後即形容惶懼不安貌。

② 張衡（78—139）：字平子，東漢南陽（今河南南陽）人。歷任郎中、太史令、侍中、河間相，著有《渾儀圖注》《算罔論》《二京賦》《歸田賦》等，與司馬相如、揚雄、班固並稱爲"漢賦四大家"。

③ 李善（630—689）：唐廣陵江都（今江蘇揚州）人，顯慶年間累擢崇賢館直學士，兼沛王侍讀，後除潞王府記事參軍，出任涇城令。注有《文選》。

④ 損之又損：通行本作"損之又損之"。

⑤ 所：通行本無"所"字。

⑥ 於：通行本作"其"。

⑦ 張揖：生卒年不詳，字稚讓，東漢清河（今河北清河）人。所著《廣雅》十卷，體例篇目仿照《爾雅》，博采經書箋注及《三倉》《方言》《説文解字》等增廣補充，故名《廣雅》。

重,有衣車也。"

卻走馬以糞車,何惜腰褭(yǎoniǎo,古駿馬名)與飛兔。同上注。綜①曰:老子曰:"天下無道,戎馬生於郊。天下有道,卻走馬以糞。"(《道德經·第四十六章》)

其甘不爽,醉而不醒(chéng,醉酒神志不清)。張平子《南都賦》注。善曰:老子曰"五味令人口爽"。(《道德經·第十二章》)《廣雅》曰:"爽,傷也。"

土壤不足以攝生,山川不足以周衛。左太沖②《吳都賦》注。劉(劉逵)曰:老子曰"善攝生"。(《道德經·第五十章》)

載漢女於後舟,追晉賈③而同塵。同上注。劉曰:老子曰:"和其光,同其塵。"(《道德經·第十九章》)

劍閣雖嶚(liáo,高峻),憑之者蹶,非所以深根固蒂也。洞庭雖濬(jùn,深也),負之者北,非所以愛人治國也。左太沖《魏都賦》注。善曰:老子曰:"有國之母,可以長久。是謂根深固蒂,長生久視之道。"(《道德經·第五十九章》)又老子曰:"愛民④治國,能無知乎?"(《道德經·第十章》)

上垂拱而司契,下緣督而自勸。同上注。劉曰:老子曰:"聖人執左契而不責於人,有德司契,無德司徹。"(《道德經·第七十九章》)

皇恩綽矣!帝恩沖矣!同上注。善曰:老子曰"大盈若沖"。(《道德經·第四十五章》)

尊盧赫胥,羲農有熊。雖自以為道,洪化以為隆。世篤

---

① 薛綜(?—243):字敬文,三國沛郡竹邑(今安徽濉溪)人,吳國名臣。著作集為《私載》,并著有《五宗圖述》《二京解》。
② 左思(約250—305):字太沖,西晉齊國臨淄(今山東淄博)人。出身寒族,貌醜口訥,后發憤寫作《三都賦》(《吳都賦》《魏都賦》《蜀都賦》),有《左太沖集》。
③ 晉賈:晉國賈大夫。事見《左傳》:"昔賈大夫惡,娶妻而美,三年不言不笑,御以如皋,射雉,其妻始笑而言。"
④ 民:通行本作"人"。

玄同,奚遽不能與之踵武(跡)而齊其風？同上注。善曰:老子曰:"知者不言,言者不知,是謂玄同。"(《道德經·第五十六章》)

生生之所常厚,洵美之所不渝。同上注。劉曰:老子曰:"人之輕死,以其生生之厚也。"(《道德經·第七十五章》)謂通生生之精以自厚也①。

閑居隘巷,室邇心遐。富仁寵義,職競(專事競逐)弗羅。千乘爲之軾廬,諸侯爲之止戈,則干木之德②自解紛也。同上注。善曰:老子曰"解其紛也"。(《道德經·第五十六章》)

先生玄識,深頌靡測。得聞上德之至盛,匪同憂於有聖。同上注。劉曰:老子曰:"古之士微妙玄通,深不可識。夫惟不可識,故强爲之頌。"(《道德經·第十五章》)故曰先生"玄識深頌靡測"。又曰"上德無爲而無不爲"。(《道德經·第三十八章》)

長幼雜遝(tà,通"沓",擁擠貌)以交集,士女頒斌(相雜之貌)而咸戾(至)。被褐振裾,垂髻總髻③。潘安仁④《藉田賦》注。善曰:老子曰"被褐而懷玉"。(《道德經·第七十章》)

高以下爲基,民以食爲天。同上注。善曰:老子曰:"貴必以賤爲本,高必以下爲基。"(《道德經·第二十八章》)

怕(泊)乎無爲,憺乎自恃⑤。司馬相如《子虛賦》注。善曰:老子曰"我獨泊然而未兆"。(《道德經·第二十章》)

---

① 謂通生生之精以自厚也:通行本作"謂適生生之情以自厚"。
② 干木之德:《呂氏春秋·期賢》載:段干木者,魏文侯敬之,過其廬而軾之。其僕曰:"干木布衣耳,而君軾其廬,不亦過乎?"文侯曰:"干木不趣俗役,懷君子之道,隱處窮巷,聲馳千里之外,未肯以己易寡人也。寡人光乎勢,干木富於義。勢不如德尊,財不如義高,吾安敢不軾乎?"秦欲攻魏,而司馬康諫曰:"段干木賢者,而魏禮之,天下皆聞,無乃不可加乎兵。"秦君以爲然,乃止。干木寂然不競於俗,故曰"職競弗羅也"。
③ 髻:通行本作"髮"。
④ 潘安(247—300):即潘岳,字安仁,西晉滎縣(今河南滎陽)人。美姿儀,少以才名聞世,後與石崇、左思、陸機等人往來唱和,合稱"金谷二十四友"。
⑤ 自恃:通行本作"自持"。

且人君以玄默爲神，澹泊爲德。楊子雲①《長楊賦》。善曰：老子曰"我獨泊然而未兆"。

若乃耽盤流遁，放心不移。忘其身恤，司其雄雌。樂而無節，端操或虧。此則老氏之所誡，而君子之所不爲。潘安仁《射雉賦》注。老子曰："馳騁畋獵，令人心發狂。"（《道德經·第十二章》）

知性命之在天，由力行而近仁。勉仰高而蹈景，盡忠恕而與人。曹大家②《東征賦》注。善曰：老子曰："天道無親，常與善人。"（《道德經·第七十九章》）

清靜少欲，師公綽兮。同上注。善曰：老子曰"清靜爲天下正"。（《道德經·第四十九章》）

竭股肱於昏主，赴塗炭而不移。潘安仁《西征賦》注。善曰：老子曰"國家昏亂有忠臣"。（《道德經·第十八章》）

命有始而必終，孰長生而久視。同上注。善曰：老子曰"長生久視之道"。（《道德經·第五十九章》）

既餐服（欣賞信服）以屬厭（飽足），泊恬靜以無欲。同上注。老子曰："我好靜而民自正，我無欲而民自樸。"（《道德經·第五十七章》）

上之遷下，猶③釣之埏埴。同上注。善曰：老子曰"埏埴以爲器"。（《道德經·第十一章》）

密邇獫狁，戎馬生郊。同上注。善曰：老子曰："天下無道，戎馬生於郊。"（《道德經·第四十六章》）

太虛遼廓而無閡，運自然之妙有，融而爲川瀆，結而爲

---

① 楊雄（前23—18）：字子雲，西漢蜀郡成都（今四川成都）人。早年好辭賦，有《甘泉賦》《羽獵賦》等。後仿《易經》作《太玄》、仿《論語》作《法言》、仿《爾雅》作《方言》。

② 班昭（約45—約117）：又名姬，字惠班，東漢扶風安陵（今陝西咸陽東北）人。班固之妹，曹世叔之妻，故後世稱之爲"曹大家"。班固著《漢書》未竟而卒，奉旨續寫《漢書》。有《女誡》《東征賦》等七篇文章傳世。

③ 猶：通行本無"猶"字。

山皐。孫興公①《游天台山賦》注。善曰:太虛謂天也,自然謂道也,無閡謂無名,妙有謂一也。言大道運彼自然之妙一而生萬物也。管子曰"虛而無形謂之道",(《管子·心術上》)《鵩鳥賦》曰"寥廓忽荒",老子曰"道生一",王弼曰"一數之始而物之極也"。謂之爲妙有者,欲言有,不見其形,則非有,固謂之妙。欲言其②物由之以生,則非無,故謂之有也。斯乃無中之有,謂之妙有也。阮籍《通老子論》曰:"道法自然,《易》謂之太極,《春秋》謂之元,老子謂之道。"老子曰"三生萬物",鍾會③曰"散而爲萬物也"。

雖一冒於垂堂(堂屋檐下,喻危險處),乃永存乎長生。同上注。善曰:老子曰"長生久視之道"。(《道德經·第五十九章》)

釋二名之同出,消一無於三幡④。同上注。善曰:老子曰:"無名天地之始,有名萬物之母。故常無欲以觀其妙,常有欲以觀其徼。此兩者同出而異名,同謂之玄。"(《道德經·第一章》)

疆理宇宙,甄陶國風。雲行雨施,品物咸融。何平叔⑤《景福殿賦》注。善曰:李聃曰"埏埴爲器"。(《道德經·第十章》)

莫不優游以自得,故淡泊而無所思。同上注。善曰:老子曰:"道之出口,淡乎其無味。"(《道德經·第三十五章》)

協靈通氣,潰薄相陶。流風蒸雷,騰虹揚霄。郭景純⑥《江賦》注。善曰:老子曰"陰陽陶冶萬物"。(原文無,疑爲軼文。)

---

① 孫綽(314—371):字興公,東晉中都(今山西平遙)人。少以文采名,尤工書法,是玄言詩一代大家。
② 其:原文有"無"字,據通行本刪。
③ 鍾會(225—264):字士季,三國潁川長社(今河南長葛)人。歷任秘書郎、尚書郎、中書侍郎,封關内侯,后與鄧艾分兵滅蜀。擅長書法,尤工隸書。
④ 三幡:道家謂色、空、觀最易動搖人心,故以三幡爲喻。
⑤ 何晏(?—249):字平叔,三國南陽宛(今河南南陽)人。少年時以才秀知名,好老莊,正始年間累官至吏部尚書、典選舉,封列侯,著有《論語集解》《道德論》等。
⑥ 郭璞(276—314):字景純,兩晉河東郡聞喜縣(今山西聞喜縣)人。晉元帝拜著作佐郎,與王隱共撰《晉史》,後爲王敦記事參軍,因卜筮不吉阻敦謀反,被殺。精天文、曆算、風水、堪輿,長於訓詁與文賦,以"游仙詩"聞名。曾爲《爾雅》《方言》《穆天子傳》等作注,明人輯有《郭弘農集》。

登春臺之熙熙兮,珥金貂之炯炯。潘安仁《秋興賦》注。善曰:老子曰:"衆人熙熙,如享太牢,如登春臺。"(《道德經·第二十章》)

苟趨舍之殊塗兮,庸詎識其躁靜。同上注。善曰:老子曰:"重爲輕根,靜爲躁君。"(《道德經·第二十六章》)

彼知安而忘危兮,故出生而入死。同上注。善曰:老子曰"出生入死"。(《道德經·第五十章》)

授簡於司馬大夫,曰:"抽子祕思,騁子妍辭,侔色揣稱,爲寡人賦之。"謝惠連①《雪賦》注。善曰:老子曰"王公自謂孤、寡、不穀"。(《道德經·第三十九章》)

釋智②遺形兮,超然自喪。賈誼《鵩鳥賦》注。善曰:老子曰"燕處超然"。(《道德經·第二十六章》)

願先生爲之賦,使四座咸共榮觀,不亦可乎?禰正平③《鸚鵡賦》注。善曰:老子曰:"雖有榮觀,燕處超然。"(《道德經·第二十六章》)

何造化之多端兮,播群形於萬類。張茂先④《鷦鷯賦》注。善曰:老子曰"道生萬物"。(《道德經·第四十二章》)

道混成而自然兮,術同源而分流。班孟堅⑤《幽通賦》注。善曰:老子曰"有物混成,先天地生",又曰"道法自然也"。(《道德經·第二十五章》)

---

① 謝惠連(407—433):南朝宋陳郡陽夏(今河南太康)人。少年即能作詩文,深得謝靈運賞識。有《謝惠連集》(已佚),後人有輯本。
② 智:原文衍爲"志智",今據通行本改。
③ 禰衡(173—198):字正平,東漢平原郡(今山東德州)人。恃才傲物,後被江夏太守黃祖所殺。有《禰衡集》二卷(已佚)。
④ 張華(232—300):字茂先,西晉范陽方城(今河北固安)人。工於辭賦,辭藻華麗,纂有《博物志》。有《張華集》十卷(已佚),後人輯有《張茂先集》。
⑤ 班固(32—92):字孟堅,東漢扶風安陵(今陝西咸陽東北)人,班彪之子。建武三十年(54),班固在其父《史記後傳》的基礎上撰寫《漢書》,歷時二十餘年基本修成。後跟隨大將軍竇憲北伐匈奴,大敗單于後,撰寫《封燕然山銘》。

默無爲以凝志兮,與仁義乎逍遙。不出户而知天下兮,何必歷遠以劬(qú)勞。張平子《思玄賦》注。善曰:老子曰"上德無爲",(《道德經·第三十八章》)又曰"不出户而知天下"。(《道德經·第四十七章》)

　　於時曜(yào)靈俄景(偏西的日光),繼①以望舒(指月亮)。極盤游之至樂,雖日夕而忘劬。感老氏之遺誡,將回駕乎蓬廬。張平子《歸田賦》注。翰②曰:老子:"馳騎田獵,令人心發狂。"(《道德經·第十二章》)

　　於是覽止③足之分,庶浮雲之志。潘安仁《閑居賦》注。善曰:老子曰:"知足不辱,知止不殆。"(《道德經·第四十四章》)

　　仰衆妙而絶思,終優游以養拙。同上注。善曰:老子曰:"玄之又玄,衆妙之門。"(《道德經·第一章》)

　　意惚怳以遷越兮,神一夕而九升。潘安仁《寡婦賦》注。善曰:老子曰:"惚兮怳兮,其中有象。"(《道德經·第二十一章》)

　　怛驚悸④兮無聞,超惝怳兮慟懷。同上注。善曰:老子曰:"惚兮怳兮,其中有象。"(同上)

　　同橐籥之罔窮,與天地乎並育。陸士衡⑤《文賦》注。善曰:老子曰:"天地之間,其猶橐籥乎。"(《道德經·第五章》)

　　微風纖妙,若存若亡。馬季長⑥《長笛賦》注。善曰:老子曰"若存若亡"。(《道德經·第四十一章》)

---

① 繼:通行本作"係"。
② 翰:即李周翰,《文選》除李善注本外,還有唐代開元時期吕延濟、劉良、張銑、吕向、李周翰合注本,世稱"五臣注"。南宋以來,李善注本與"五臣注"合刊,稱爲"六臣注文選"。
③ 止:原作知,誤,今據通行本改。
④ 悸:通行本作"悟"。
⑤ 陸機(261—303):字士衡,西晉吴郡吴縣(今江蘇蘇州)人。與其弟陸雲合稱"二陸"。陸機少有奇才,文章冠世,被譽爲"太康之英",存世作品收入《陸機集》。
⑥ 馬融(79—166):字季長,東漢扶風茂陵(今陝西興平)人,官至南郡太守。馬融一生注書頗多,多散佚,後人輯有《馬季長集》。

玄妙足以通神悟靈，精微足以窮幽測深。成公子安①《嘯賦》注。善曰：老子曰："玄之又玄，衆妙之門。"(《道德經·第一章》)

恢恢大圓，茫茫九壤。束廣微②《補亡詩》注。善曰：老子曰"天綱恢恢"。(《道德經·第七十三章》)

誠以天綱不可重罹，聖恩難可再恃。曹子建《上責躬應詔詩表》注。善曰：老子曰"天綱恢恢"。

疫癘淫行，荆棘成榛。潘安仁《關中詩》注。善曰：老子曰："師之所處，荆棘生焉。"(《道德經·第三十章》)

恢恢皇度，穆穆聖容。應吉甫《晉武帝華林園集詩》注。善曰：老子曰："天綱恢恢，疏而不失。"

行捨其華，言去其辯。游心至虛，同規易簡。同上注。善曰："處其實而不處其華"，老子曰"致虛極"。(《道德經·第十六章》)

道隱未形，治彰既亂。顏延年③《應詔讌曲水作詩》注。善曰：老子曰"大象無形"，又曰"道隱無名"。(《道德經·第四十一章》)

物性其情，理宣其奧。顏延年《皇太子釋奠會作詩》注。善曰：老子曰："道者，萬物之奧。"(《道德經·第六十二章》)

積痾謝生慮，寡欲罕所闕。謝靈運《鄰里相送方山詩》注。善曰：老子曰"少思寡欲"。(《道德經·第十九章》)

劉伶善閉關，懷情滅聞見。顏延年《五君詠》注。善曰：老子曰"善閉者無關鍵而不可開"。(《道德經·第二十七章》)

天長地自久，人道有虧盈。虞子陽《詠霍將軍北伐詩》注。

---

① 成公綏(231—273)：字子安，西晉東郡白馬(今河南滑縣)人。博涉經傳，今存賦二十餘篇，多係殘篇。

② 束皙(263—302)：字廣微，西晉陽平元城(今河北大名)人。著述頗豐，有集七卷(已佚)，後人輯有《束廣微集》。

③ 顏延之(384—456)：字延年，南朝宋人，祖籍琅琊臨沂(今山東臨沂)。文章冠絕當時，與謝靈運合稱"顏謝"。文集已佚，後人輯有《顏光禄集》。

善曰：老子曰"天長地久"。(《道德經·第七章》)

　　寄言攝生客，試用此道推。謝靈運《石壁精舍還湖中作》注。善曰：老子曰"善攝生者不然"。(《道德經·第五十章》)

　　窈冥終不見，蕭條無可欲。沈休文①《游沈道士館詩》②注。善曰：老子曰："窈兮冥，其中有精。"(《道德經·第二十一章》)

　　曰余知止足，是願不須豐。沈休文《游沈道士館詩》注。善曰：老子曰："知足不辱，知止不殆。"(《道德經·第四十四章》)

　　恢恢六合間，四海一何寬。天網布紘綱，投足不獲安。歐陽堅石③《臨終詩》注。善曰：老子曰："天網恢恢，疏而不失。"

　　志在守樸，養素全真。嵇叔夜④《幽憤詩》注。善曰：老子曰："見素抱樸，少私寡欲。"(《道德經·第十九章》)

　　君子敬止⑤，慎爾所主。王仲宣⑥《贈文叔良詩》注。善曰：老子曰："慎終如始，則無敗事。"(《道德經·第六十四章》)

　　衰疾⑦近辱殆，庶幾並懸輿。張茂先《答何劭詩》注。善曰：老子曰："知足不辱，知止不殆。"

　　明闇信異姿，靜躁亦殊形。同上注。善曰：老子曰："重爲輕根，靜爲躁君。"(《道德經·第二十六章》)

　　泳之彌廣，挹之彌沖。潘正叔《贈陸機詩⑧》注。善曰：老子

---

① 沈約(441—513)：字休文，南朝吳興武康(今浙江德清)人。仕宋、齊、梁三朝，撰成《宋書》，作品多亡佚。
② 《游沈道士館詩》：應爲《鐘山詩應西陽王教詩》。
③ 歐陽建(269—300)：字鑒石，西晉渤海南皮(今河北南皮)人。官至馮翊太守，著有《臨終詩》《言盡意論》等。
④ 嵇康(224—263)：字叔夜，三國譙郡銍縣(今安徽濉溪)人。"竹林七賢"之一，官中散大夫，世稱"嵇中散"。後人輯有《嵇中散集》。
⑤ 止：通行本作"始"。
⑥ 王粲(177—217)：字仲宣，東漢山陽高平(今山東微山)人。"建安七子"之一，與曹植並稱"曹王"，後人輯有《王侍中集》。
⑦ 疾：通行本作"夕"。
⑧ 《贈陸機詩》：全名爲《贈陸機出爲吳王郎中令》。

曰"大滿若沖"。(《道德經·第四十五章》,原文爲"大盈若沖"。)

芻狗之談,其最得乎。劉越石①《答盧諶詩》注。善曰:老子曰:"天地不仁,以萬物爲芻狗;聖人不仁,以百姓爲芻狗。"(《道德經·第五章》)結芻爲狗也,言天地不愛萬物,類祭祀之棄芻狗也。然此與談老者不同,彼美而此怨耳。

殊方咸成貸,微物豫采甄。謝靈運《還舊園詩②》注。善曰:老子曰:"夫惟道,善貸且成。"(《道德經·第四十一章》)

蓄寶每希聲,雖祕猶彰徹。顏延年《贈王太常詩》注。善曰:老子曰"大音希聲"。(《道德經·第四十一章》)

寵辱易不驚,戀本難爲思。潘安仁《在懷縣作詩》注。善曰:老子曰:"寵辱若驚。何謂寵辱? 寵爲下,得之若驚,失之若驚,是謂寵辱若驚。"(《道德經·第十三章》)

小國寡民務,終日寂無事。同上注。善曰:老子曰"小國寡民"。(《道德經·第八十章》)

真想初在衿,誰謂形跡拘。陶淵明《始作鎮軍參軍經曲阿作詩》注。善曰:老子曰:"修之於身,其德乃真。"(《道德經·第五十四章》)

遭物悼遷斥,存期得要妙。謝靈運《七里瀨詩》注。善曰:老子曰"湛兮似或存"。(《道德經·第四章》)王弼曰:"和光而不汙其體,同塵而不渝其真,不亦湛兮似或存兮。"

時危見臣節,世亂識忠良。鮑明遠③《出自薊北門行》注。善曰:老子曰:"國家昏亂,有忠臣焉。"(《道德經·第十八章》)

流詠太素,俯讚玄虛。嵇叔夜《雜詩》注。善曰:老子曰:"玄

---

① 劉琨(271—318):字越石,西晉中山魏昌(今河北無極)人。早年爲"金谷二十四友"之一,后累遷官至并州刺史。擅文學,通音律,後人輯有《劉中山集》。
② 《還舊園詩》:全名爲《還舊園作見顏范二中書》。
③ 鮑照(約415—470):字明遠,祖籍東海(今山東臨沂),久居建康(今江蘇南京)。與謝靈運、顏延之合稱"元嘉三大家",長於樂府詩,有《鮑參軍集》。

之又玄,衆妙之門。"

形變隨時化,神感因物作。盧子諒①《時興詩》注。善曰:老子曰:"萬物並作,吾以觀其復。"(《道德經·第十六章》)

寡欲不期勞,即事罕人功。謝靈運《田南樹園激流植援詩》注。善曰:老子曰"少松寡欲"。柱按:"松"當爲"私"之形誤。(《道德經·第十九章》)

一朝許人諾,何能坐相捐。袁陽源《效曹子建樂府白馬篇》注。善曰:老子曰"輕諾者必寡信"。(《道德經·第六十三章》)

莊生悟無爲,老氏守其眞。江文通②《雜體詩》注。善曰:老子曰"見素抱樸"。(《道德經·第十九章》)

甘脆肥醲(通"濃",肥肉),命曰腐腸之樂。枚叔③《七發》注。善曰:《呂氏春秋》曰:"肥肉厚酒,務以相强,命曰腐腸之食。"高誘注:《老子》曰:"五味實口爽傷,故謂之爛腸之食。"(《呂氏春秋·本生》)

悅兮忽兮,聊兮慄④兮,混汩汩兮。同上注。善曰:老子曰:"恍兮忽兮,其中有物。"

游心於浩然,玩志乎妙衆。張景陽⑤《七命》注。善曰:老子曰:"玄之又玄,衆妙之門。"

耽口爽之饌,甘腊毒之味。同上注。善曰:老子曰"五味令人口爽"。(《道德經·第十二章》)

---

① 盧諶(284—351):字子諒,西晉范陽(今河北涿州)人。官至中書監。爲人清敏,才思敏捷,著有《祭法》《莊子注》等。
② 江淹(444—505):字文通,南朝宋州濟陽(今河南商丘)人。辭賦與鮑照齊名,代表作《恨賦》《別賦》等。
③ 枚乘(?—前410):字叔,西漢淮陰(今江蘇淮安)人。辭賦大家,代表作爲《七發》。
④ 慄:通行本作"慄"。
⑤ 張協(?—約307):字景陽,西晉安平(今屬河北)人。長於文學,與其兄張載、其弟張亢合稱"三張"。有詩作數篇存世。

卻馬於糞車之轅，銘德於昆吾之鼎。同上注。善曰：老子曰："天下有道，卻走馬以糞。"(《道德經·第四十六章》)

林無被褐，山無草帶。同上注。善曰：老子曰"聖人被褐懷玉"。(《道德經·第七十章》)

向子誘我以聾耳之藥，棲我以蔀(bù)家(幽闇也)之屋。同上注。善曰：老子曰"五音令人耳聾"。(《道德經·第十二章》)

田游馳蕩，利刃駿足，既老氏之攸戒，非吾人之所欲。同上注。向曰：老子云："五音令人耳聾，騁騁田獵，令人心發征。"柱按：向注曰當作田，征當作狂，皆形誤。

自泯①俗澆弛，法令滋彰。王元良②《永明九年策秀才文》注。善曰：老子曰："法令滋章，盜賊多有也。"(《道德經·第五十七章》)

神器流離，再辱荒逆。劉越石《勸進表》注。善曰：老子曰："天下神器，不可爲也，爲者敗之。"(《道德經·第二十九章》)韋昭曰："神器，天子璽符服御之物也。"

止足之分，臣所宜守。庾元亮③《讓中書令表》注。善曰：老子曰："知足不辱，知止不殆。"

雖太上至公，聖德無私。同上注。善曰：老子曰"太上下知有之"。(《道德經·第十七章》)

匡復社稷，大弘善貸。殷仲文④《解尚書表》注。善曰：老子曰"夫惟道善貸且成"。(《道德經·第四十一章》)

道隱旒纊(liúkuàng，帝王冠冕)，信充符璽。任彦昇⑤《爲蕭

---

① 泯：通行本作"萌"。
② 王元良：應爲"王元長"。
③ 庾元亮：應爲"庾元規"。
④ 殷仲文(？—407)：字仲文，南朝陳郡長平(今河南西華)人。官至東陽太守，據《隋書·經籍志》載有文集七卷傳世。
⑤ 任昉(460—508)：字彦昇，南朝樂安博昌(今山東壽光)人，官至新安太守。明人輯有《任彦昇集》。

楊州作薦士表》注。善曰：老子曰："大象無形，道隱無名。"(《道德經·第四十一章》)

鄙情贅行，造次以之。沈休文《奏彈王源》注。善曰：老子曰："自伐無功，自矜不長，其在道曰餘食贅行。"(《道德經·第二十四章》)

非夫體通性達，受之自然，其孰能至於此乎。楊德祖①《答臨淄侯牋》注。善曰：老子曰："天法道，道法自然。"(《道德經·第二十五章》)

愛民治國，道家所尚。孫子荆②《爲石仲容與孫皓書》注。善曰：老子曰："愛人治國，能無知乎？"(《道德經·第十章》原文爲：愛人治國，能無爲乎？)

立功立事，開國稱孤。丘希範《與陳伯之書》注。善曰：老子曰"王侯自稱孤、寡、不穀。"(《道德經·第三十九章》)

談空空於釋部，覈玄玄於道流。孔德璋③《北山移文》注。翰曰："玄玄謂玄之又玄也，道流謂老子也。"

竊盜鼎司，傾覆重器。陳孔璋④《爲袁紹檄豫州》注。善曰：老子曰"天下之大器也"。

是故知玄知默，守道之極；爰清爰靜，游神之庭。楊子雲《解嘲》注。善曰：老子曰："知清知靜，爲天下正。"(《道德經·第四十五章》)

廣樹恩不足以敵怨，勤興利不足以補害。故曰代大匠

---

① 楊修(175—219)：字德祖，東漢弘農郡華陰縣(今陝西華陰)人。少聰慧，有俊才，後擔任曹操主簿，以"交關諸侯"之罪被殺，今存作品數篇。
② 孫楚(？—293)：字子荆，西晉太原中都(今山西平遙)人。官至馮翊太守，後人輯有《孫馮翊集》。
③ 孔稚圭(447—501)：字德彰，南朝會稽山陰(今浙江紹興)人，官至太子詹事。文集十卷已散佚，明人輯有《孔詹事集》。
④ 陳琳(？—217)：字孔璋，東漢廣陵射陽(今江蘇寶應)人。"建安七子"之一，與阮瑀同管記事。明人輯有《陳記事集》。

斲者,必傷其手。陸士衡《豪士賦序》注。善曰:老子曰:"夫代大匠斲,希有不傷其手。"(《道德經·第七十四章》)

功既成矣,世既貞矣。王元長《曲水詩序》注。善曰:老子曰"王侯得一而天下貞"。(《道德經·第三十九章》)

居厚者不矜其多,居薄者不怨其少。任彥昇《王文憲集序》注。善曰:老子曰:"前識者,道之華而愚之始,是以大丈夫處厚不處薄。"(《道德經·第三十八章》)

恢恢廣野,誕節會①圖。陸士衡《漢高祖功臣頌》注。善曰:老子曰"天網恢恢"。

涅而無滓,既濁能清。夏侯孝若②《東方朔畫贊》注。善曰:老子曰"孰能濁以靜之徐清"。(《道德經·第十五章》)

董卓之亂,神器遷偪。袁彥伯③《三國名臣贊》注。善曰:老子曰:"天下神器不可為也,為者敗之。"(《道德經·第二十九章》)

謀解時紛,功濟宇內。同上注。善曰:老子曰"解其紛"。(《道德經·第五十六章》)

謀寧社稷,解紛挫銳。同上注。善曰:老子曰"挫其銳,解其紛"。

浮沉④交錯,庶類混成。班孟堅《典引》注。善曰:老子曰:"有物混成,先天地生。"(《道德經·第二十五章》)

然宦人之在王朝者,其來舊矣。將以其禮非全氣,情志專良,通關中人,易以役養乎?范蔚宗⑤《宦者傳論》注。善曰:

---

① 會:通行本作"令"。
② 夏侯湛(約243—約291):字孝若,西晉沛國譙縣(今安徽亳州)人,官至散騎常侍。作品大多散佚,明人輯有《夏侯常侍集》。
③ 袁宏(約328—約376):字彥伯,小字虎,時稱袁虎,東晉陳郡陽夏(今河南太康)人,官至東陽太守。編著《後漢紀》,另有《竹林名士傳》《三國名臣賦》《東征賦》等。
④ 浮沉:通行本作"沈浮"。
⑤ 范曄(398—445):字蔚宗,南朝順陽(今河南南陽)人,官至太子詹事。著有《後漢書》,與《史記》《漢書》《三國志》並稱"前四史"。

老子之文學

　　老子曰"未知牝牡之合而全作"。(《道德經·第五十五章》)

　　不知神器有命,不可以智力求。班叔皮①《王命論》注。善曰:老子曰:"天下神器不可爲也,爲者敗之也。"

　　豈非深根固蒂,不拔之道乎。曹元首②《六代論》注。善曰:老子曰:"有國之母,可以長久。是謂深根固蒂,長生久視之道。"(《道德經·第五十九章》)

　　愛憎不棲於情,憂喜不留於意,泊然無感,而體氣和平。嵇叔夜《養生論》注。善曰:老子曰"我獨泊然而未兆"。

　　咸歎恨於所遇之初,而不知慎衆險於未兆。同上注。善曰:老子曰"未兆易謀"。(《道德經·第六十四章》)

　　今以躁競之心,涉希靜之塗。同上注。善曰:老子曰:"聽之不聞,名曰希。"(《道德經·第十四章》)

　　善養生者則不然,清虛靜泰,少私寡欲。同上注。善曰:老子曰"少私寡欲"。(《道德經·第十九章》)

　　無爲自得,體妙心玄。同上注。善曰:老子曰:"玄之又玄,衆妙之門。"

　　道德玄同,曲折合符。李蕭遠③《運命論》注。善曰:老子曰:"知者不言,言者不知,是爲玄同。"(《道德經·第五十六章》)

　　勢之所集,從之如歸市;勢之所去,棄之如脫遺。其言曰:名與身孰親也？得與失孰賢也？榮與辱孰珍也？故遂繫其衣服,矜其車徒,冒其貨賄,淫其聲色,脈脈然自以爲得矣。同上注。善曰:老子曰:"名與身孰親,得與亡孰病也。"(《道德經·第四十四章》)

---

① 班彪(3—54):字叔皮,東漢扶風安陵人。著有《後傳》六十餘篇。其子班固修《漢書》,史料多依班彪。
② 曹冏(？—226):字元首,三國曹魏宗室,沛國譙縣(今安徽亳州)人,曹操從子。著《六代論》獻於曹爽,今存於《文選》。
③ 李蕭遠:生平不詳,三國魏時人,有《運命論》及詩詞若干見於記載。

譬猶衆目營方（分佈四方），則天綱自昶（暢通）。陸士衡《五等諸侯論》注。善曰：目，綱目也。老子曰："天網恢恢，疏而不失。"柱按：據注引《老子》，則本文當作"天網"，注文亦當作"網目"。

皇統幽而不輟，神器否而必存者，豈非置勢使之然歟？同上注。善曰：老子曰："天下神器，不可爲也，爲者敗之。"

夫道①生萬物，則謂之道；生而無主，謂之自然。劉孝標②《辨命論》注。善曰：老子曰："大道氾兮，萬物得之以生而不辭。功成而不有，愛養萬物而不爲之主。"（《道德經・第三十四章》）

生之無亭毒之心，死之豈虔劉（殺害）之志。同上注。善曰：老子曰："亭之毒之，蓋之覆之。"（《道德經・第十章》）

或不召自來，或因人以濟。同上注。善曰：老子曰"不召而自來"。（《道德經・第七十三章》）

柔弱生之徒，老氏戒剛彊。崔子玉③《座右銘》注。善曰：老子曰："人生也柔弱，其死也堅強。萬物草木，生也柔脆，其死也枯槁。故堅強者死之徒，柔弱者生之徒也。"（《道德經・第七十六章》）又曰"柔弱勝剛強"。

慎言節飲食，知足勝不祥。同上注。善曰：老子曰"知足不辱"。

暑來寒往，地久天長。陸佐公④《石闕銘》注。善曰：老子曰："天長地久。"

矧乃今日，慎終如始。潘安仁《楊仲武誄》注。善曰：老子

---

① 道：通行本作"通"。
② 劉峻（462—521）：字孝標，本名法武，南朝平原（今山東平原）人。一生坎坷，流傳後世的主要是對《世說新語》的注釋，爲時人所重視。明人輯有《劉户曹集》。
③ 崔瑗（77—142）：字子玉，東漢涿郡安平（今河北安平）人。擅長書法，尤擅草書，師法杜度，時稱"崔杜"。有《崔子玉集》《草堂書》等。
④ 陸倕（470—526）：字佐公，南朝吳（今江蘇蘇州）人。官至中書侍郎、守太常卿。著有《南史本傳》《九品書人論》。

曰:"慎終如始,則無敗事也。"(《道德經·第六十四章》)

雖今之作者,人自爲量,而首路同塵,輟塗殊軌者多矣。顏延年《陶徵士誄》注。善曰:老子曰"和其光而同其塵"。(《道德經·第五十六章》)

孰云與仁?實疑明智。同上注。善曰:老子曰:"天道無親,常與善人。"

其在先生,同塵往世。同上注。善曰:老子曰"和其光而同其塵"。

功成弗有,固秉撝挹(huīyì,謙讓)。王仲寶《褚淵碑文》注。善曰:老子曰"功成而弗居"。(《道德經·第二章》)

惟怳惟惚,不瞰不昧。莫繫於去來,復歸於無物。王簡栖①《頭陀寺碑》注。善曰:老子曰:"道之爲物,惟怳惟惚。"又曰:"一者,其上不瞰,其下不昧,繩繩不可名,復歸於無物。"鍾會曰:"光而不耀,濁而不昧,繩繩兮其無繫,氾氾乎其無薄也。微妙難名,終歸于無物。"

象正雖闇②,希夷未缺。同上注。善曰:老子曰:"視之不見,名之曰夷;聽之不聞,名之曰希。"(《道德經·第十四章》)

撫同上德,綏用中典。沈休文《齊故安陸昭王碑》注。善曰:老子曰:"上德不德,是以有德。"鍾會曰:"體神妙以存化者,上德也。"

從諫如順流,虛己若不足。任彥昇《文宣王行狀》注。善曰:老子曰:"大白若辱,廣德若不足。"(《道德經·第四十一章》)

舉脩網之絕紀,紐大音之解徽。陸士衡《弔魏武帝文》注。善曰:老子曰"大音希聲"。(《道德經·第四十一章》)

---

① 王巾(?—505):字簡栖,南朝瑯琊臨沂(今山東臨沂)人。官至郢州從事、征南記室,著作皆佚。
② 通行本作"闌"。

此《文選》諸篇引用老子之大略也。雖或有一二爲注家所附會，然其衣被文人之廣亦可概見矣。以上所引均據上海商務印書館景宋六臣本。

老子之學説

（一）宇宙學説

哲學之唯一問題，莫要於解釋宇宙，亦莫難於解釋宇宙。誠以宇宙爲一切事物之源，非解決之無以得學術之究竟；而人類之智識，亦殆無滿足之時。夫亦惟宇宙爲一切事物之源，而人類亦爲一切事物之一，且與一切事物同包於宇宙之內，以人之形體壽命，比於宇宙，直如無物而已。故無論其測驗之如何精確，學識之如何進步，而欲解決宇宙之究竟，終似不可能。假其能之，則宇宙乃有盡之一物；而此一宇宙之外，又將有一宇宙焉而後可。如此，則層出而不窮，而此無窮之宇宙，仍非吾人所能解決也。

故如今日天文學家言：太陽約在大宇之中部，距大宇之中心約數百兆兆里，其餘衆恒星分佈四方，若密布於一大圈之上。其幅員之廣，自一端至彼端，以光速每秒鐘 186000 英里之速率計之，亦須行 50000 年之久方能達到，此即吾人類所居之大宇云云。然此一大宇之外，豈遂無其他之大宇乎？天文家又言：吾人所居之大宇爲一旋渦之星雲，其形爲扁平，雙凸面形；自中心直至天河之邊,已二萬萬兆里有餘;自中心至兩軸之間,又爲此數三分之一;使每一旋渦星雲,即一獨立大宇,大小與吾人類之大宇相若,而星雲之數又在十萬以上云云。然此十萬以上云云者,亦就今日之可知者言耳;他日之所知,安知其不更有十百倍蓰(xǐ,五倍)於此者邪?吾人之所知愈遠,則星云之數愈多,則大宇之數寧有窮盡乎?夫空間爲宇,時間爲宙;大既不可得而言,則久亦豈可得而論?此宇宙所以不可以言語形容也。當老子之時代,對於宇宙之觀念,固甚幼稺,或多不免於神怪。而老子則不然,雖無今日實測之精確,而深知宇宙之不可思議,而名之曰道。其第一章云:

道可道,非常道;名可名,非常名。

《莊子·知北游篇》及《韓非子·釋老篇》釋之最善。莊子之言曰:

道不可聞,聞而非也;道不可見,見而非也;道不可言,言而非也;知形之不形乎?道不當名。

韓非之言曰:

凡理者,方圓、短長、粗靡、堅脆之分也,故理定而後物可得道也。故定理有存亡,有死生,有盛衰。夫物之一存一亡,乍死乍生,初盛而後衰者,不可謂常。唯夫與天地之剖判也俱生,至天下之消散也不死不衰者謂常。而常無攸易,無定理;無定理非在於常①,是以不可道也。聖人觀其玄

---

① 常:通行本作"常所"。

虚，用之周行，强字之曰道。然而可論，故曰：道之可道，非常道也。(《解老篇》)

夫道者，指其體；名者，言其名。今指人而問曰："彭祖壽乎？"曰："壽。""四海大乎？"曰："大。"此可道可名者也。然而可以謂之常道常名乎？是必不能。何也？以大椿比彭祖，則彭祖夭矣；以天地比四海，則四海小矣。故壽夭、大小之形與名不可常也。故曰：可道非常道，可名非常名。由此以推，若指人而問之曰："吾人所居之大宇其大幾何？"若如上答曰："以太陽爲中心，自一端至彼端，以光速每秒鐘186000英里之速率計之，須行50000年方能達到。"然則如此可以謂之大矣乎？倘合吾人所居大宇以外之十萬以上之大宇計之，不亦眇乎其小邪？是大之形與名又失矣。故七十六章云：

　　天下皆謂我道似不肖。夫唯大，故似不肖；若肖，久矣，其細也夫！

此之謂也。由是以推，窮人之年以計之，其大未始有窮，即其小亦未始有限，是皆非常道、常名也。何也？有對待故也。故第二章云：

　　有無相生，難易相成，長短相較，高下相傾，音聲相和，前後相隨。

清人嚴復釋之云：

　　形氣之物，無非對待。非對待則不可思議，故對待爲心

知止境。(《老子評語》)

此言可謂精切。蓋一以對待之名形容之，則其常立喪也。第二十五章云：

> 有物混成，先天地生，寂兮寥兮，獨立而不改，周行而不殆，可以爲天下母。吾不知其名，字之曰道，强爲之名曰大。

按《韓非子·喻老》釋第一章有"强字之曰道"之語，疑爲老子此章之文，則此章"字"上疑當有"强"字。"强字之曰道"，與下句"强名之曰大"，文義正同也。夫道不可道，以其體本不可思議。嚴復説。其大本不可名，以其大亦本不可思議也。然卒"字之曰道""名之曰大"者，强爲之辭而已。即所謂"寂兮寥兮，獨立而不改，周行而不殆"云云者，亦强爲之形容焉而已矣。故第十五章云：

> 古之善爲上①者，微妙玄通，深不可識。夫唯不可識，故强爲之容。

此言善爲道之人，尚亦止可以强爲之容，則道之爲强容可知。

以上所引皆論宇宙之本體者也。至其論宇宙之組織，亦有可述者。第十四章云：

> 視之不見名曰夷，聽之不聞名曰希，搏之不得名曰微。

---

① 上：通行本作"士"。

此三者不可致詰，故混而爲一，其上不皦，其下不昧，繩繩不可名，復歸於無物。是謂無狀之狀，無物之象，是謂惚恍。迎之而不見其首，隨之而不見其後。

此所謂"夷""希""微"，蓋如二千年前希臘之科學家所謂原子，至十九世紀之英人多爾頓氏①尚復主張之。或近人所發明之電子相同。是物也，視而不可見，然而所以傳見者，是物也；聽而不可聞，然而所以傳聞者，是物也；搏而不可得，然而所以成物者，是物也。就目謂之夷，耳謂之希，手謂之微，名雖不同，其爲原子或電子一也。故曰"此三者不可致詰，故混而爲一"也。

今科學家謂一喱②重之金可碾成七十五吋見方之金箔，其厚薄爲1/367000三十六萬七千分之一吋。胰液上所吹出之氣泡，用光學或電學之方法，其所得厚薄爲1/3000000三百萬分之一吋以下，甚者或能得五千萬分之一吋厚之油層。此外一喱重之靛青，能染清水一噸而有餘，故此中必有數千百兆分子方足支配；一喱之麝香，能使全室生香至數年之久，則此等分子之小，直不可思議。故曰："繩繩不可名，復歸於無物；是謂無狀之狀，無物之象也。"盈大宇之間，皆此等分子也，唯隨性質與溫度之不同，化分化合，而爲氣、液、固三體之殊耳。第二十一章云：

　　孔德之容，惟道是從。道之爲物，惟恍惟惚；惚兮恍兮，其中有象；恍兮惚兮，其中有物；窈兮冥兮，其中有精；其精甚真，其中有信。自古及今，其名不去，以閱衆甫。吾何以知衆甫之然哉？以此。"然"各本作"狀"，今從閔本作"然"。

---

① 多爾頓(John Dalton, 1766—1844)：英國化學家、物理學家，近代原子理論的提出者。
② 喱：美英重量單位格令(grain)的舊譯，等於0.0648克。

此所謂恍惚窈冥，有象、有物、有精者，即原子、電子、分子之類也。散則爲分子而不能見，故曰"恍惚窈冥"；結則爲液體、固體而可見、可搏，故曰"甚真、甚信"，謂可信驗也。此等物體可以使之散而不見，不可使之滅而不存。故曰"自古及今，其名不去"，謂分子不滅也。此等分子之散去，仍在大宇之間，而又爲一切物質之原所在也。吾何以知其爲物質之原所在乎？以物質本不生不滅，宇宙之本體如此，道之本體亦本如此也。故曰"以閱衆甫。吾何以知衆甫之然哉？以此"也。此"衆甫"，《莊子·天地篇》謂之"衆父"。此物質之原所自出之道，即《莊子·天地篇》所謂"衆父父"也。

既爲衆父父，則爲一切萬物所自出，是可名爲有；然而分之可至於無窮之微，成爲"無狀之狀，無物之象"，故名爲無。無不終無，有不終有，就其爲有爲無之間而言之，則名之曰道。故第四十章云：

天下萬物生於有，有生於無。

四十二章云：

道生一，一生二，二生三，三生萬物。

此一言萬物生於無，一言萬物生於道，故或別道與無爲二，而譏其義之歧出；或合道與無爲一，而譏其名之混用；而不知其所謂萬物所從生者，乃此"無狀之狀，無物之象"。就其無狀無物言之，則謂之無；就其有可狀有可象之情言之，則謂之道；就其已成狀已成象之物言之，則謂之有。故可謂有出於無，亦可謂有生於道，而道與無之義，則終有別也。

復次,"無"之本字,篆文作𣞤。《説文・亡部》:"𣞤,亡也,从亡,橆聲。"《林部》:"𣞤,豐也,从林,奭,从大,卅;卅,數之積也;林者,木之多也;卅與庶同意。"《亡部》:"亡,逃也,从人乚。"《乚部》:"乚,匿也,讀若隱。"然則推"無"字之本義,原非與有爲絶對之義,如後人以爲零者也。道隱而未形,故謂之無耳。故《老子》第二章以有無與難易、長短、高下、前後等並言。夫短非終短,與長相較則爲短;下非終下,與高相比則爲下耳。然則無非終無,與有相形則爲無耳。此老子哲學上之有無,所由與通俗之有無異義也。

然則宇宙之生物爲有意志者乎?抑無意志者乎?此在老子時代,多數思想,固以爲有意志。唯老子則不然,以爲宇宙生物,絕無意志者也。故第五章云:

天地不仁,以萬物爲芻狗。

王弼釋之云:

天地任自然,無爲無造,萬物自相治理,故不仁也。仁者必造立施化,有恩有爲。造立施化,則物失其真;有恩有爲,則物不具存。物不具存,則物不具載矣。地不爲獸生芻,而獸食芻;不爲人生狗,而人食狗;無爲於萬物,而萬物各適其用,則莫不贍矣。

王氏釋"芻狗"四句,嚴復甚歎賞之,以謂括盡達爾文心理。其實王氏之意則甚是,而釋"芻狗"則甚非。《莊子・天運篇》云:

夫芻狗之未陳也,盛以篋衍,巾以文繡,尸祝齋戒以將之；及其已陳也，行者踐其首脊，蘇者(樵人)取而爨(cuàn，燒火做飯)之。

然則芻狗蓋新陳代謝之物，猶草木之花，春開秋落，當榮而榮，及謝而謝；來春復茂，已非今日之花，而天地本無恩無爲於其間，此所以謂天地不仁也。此天地即指宇宙而言，亦即所謂道也。第三十四章云：

大道氾兮其可左右，萬物恃之而生而不辭，功成不名有，衣養萬物而不爲主；常無欲，可名於小，萬物歸焉而不爲主，可名爲大；以其終不自大故能成其大。

此其發揮宇宙生物無意志更爲明顯矣。
至其論生物之起源，則第六章云：

谷神不死，是謂玄牝。玄牝之門，是謂天地根，緜緜若存，用之不勤。

《列子·天瑞篇》云：

有生不生，有化不化。不生者能生生，不化者能化化。生者不能不生，化者不能不化。故常生，常化。常生常化者，無時不生，無時不化，陰陽爾，四時爾。不生者疑獨，不化者往復。往復其際不可終，疑獨其道不可窮。《黃帝書》曰："谷神不死，是謂玄牝。玄牝之門，是謂天地根，緜緜若存，用之不勤。"故生物者不生，化物者不化。自生，自化，自形，自色，自智，自力，自消，自息，謂之生化形色智力消息者，非也。

《列子》書引"谷神不死"數語，以爲黃帝語。《列子》本偽書，或以爲偽《列子》者竊老子之言，託爲黃帝以見古；或謂偽《列子》時，古書尚存，別有所本，老子述而不作，當亦述黃帝之語。余以時代論之，此等理想，恐非黃帝時代之所能及也。《列子》所謂"不生者能生生，不化者能化化"，即老子之"谷神不死"。以其能生生，故云不死，而終非自生，故不得直謂之生。

（二）政治學説

老子之政治説，可分建設及破壞二種。略述如下：

（甲）建設方面　老子學説，對於建設方面，極主張自由平等，蓋本於其宇宙之觀念也。老子之於宇宙，既以爲無意志。無意志者，無恩無爲也，故對於政府，亦主張無恩無爲。第五章云：

　　天地不仁，以萬物爲芻狗；聖人不仁，以百姓爲芻狗。

此明謂聖人爲政，亦當如天地之無恩無爲也。老子書中言此類者甚衆。第十章云：

　　載營魄抱一，能無離乎？專氣致柔，能嬰兒乎？滌除玄覽，能無疵乎？愛民治國，能無知乎？天門開闔，能無雌乎？明白四達，能無爲乎？生之畜之，生而不有，爲而不恃，長而不宰，是謂玄德。

此則以愛民治國，當如天地生物之自然，而不當有一毫私意

存於間,與專制政體之專以恩威誘攝人民者,異矣。故嚴復云:

> 夫黃老之道,民主之國之所用也。故能長而不宰,無爲而無不爲。君主之國,未有能用黃老者也。漢之黃老,貌襲而取之耳。

既純任自然,無所好惡,則平等之至矣。正如天地生物,巨細萬殊,堅脆匪一,在人或妄生貴賤,自定妍媸(chī,美醜);而在天地視之,豈有異哉?第五十六章云:

> 知者不言,言者不知;塞其兌,閉其門;挫其銳,解其分;和其光,同其塵;是謂玄同。故不可得而親,不可得而疏,不可得而利,不可得而害,不可得而貴,不可得而賤,故爲天下貴。

此則極力發揮平等之旨者也。由是賢愚不肖,亦一切以平等對待。第二十章云:

> 絕學無憂,唯之與阿,相去幾何?善之與惡,相去若何?

此以善惡、賢愚,泯然齊觀矣。是故有不尚賢之論。蓋以當時崇尚榮名之流弊,一切法律,均爲虛聲所奪。《呂氏春秋·去私篇》云:

> 腹䵍(tūn)爲墨子鉅子,居秦,其子弑人,秦惠王曰:"先生之年長矣,非有他子也。寡人已令吏弗誅矣。先生之以此聽寡人也。"腹䵍對曰:"墨者之法,殺人者死,傷人者刑,

此所以禁傷人也。夫禁傷人者，天下之大義也。王雖爲之賜，而令吏弗誅；腹䵍不可不行墨子之法。"不許惠王，而遂弑之。

於此文可見二事：一，殺人之罪可爲賢者而獨免；二，"墨者之法，殺人者死，傷人者刑"，賢者居然可以立法操刑人、殺人之權。則當時尚賢之風可知。老子雖稍前於墨子，其時風氣亦已開戰國之先，相去當亦不遠，則當時尚賢之弊，可想而見。老子之不尚賢，昌言絕學，蓋或亦以此。其所謂絕學非真愚民政策也，謂不能以名聲學問而加賞，賞當程於功業；不能以名聲學問而免罰，罰當科於罪惡。在老子則爲道德平等之談，至韓非則變而爲法律平等之旨矣。於此等處足見老子之真也。第六十五章云：

古之善爲道者非以明民，將以愚之。民之難治，以其智多。故以智治國，國之賊；不以智治國，國之福。知此兩者亦稽式。常知稽式，是謂玄德。玄德深矣，遠矣，與物反矣，然後乃至大順。

此章世之說者，皆以爲老子愚民之證據，唯嚴復、章炳麟之解則獨異。嚴復云：

老之爲術，至如此數章，可謂吐露無餘者矣。其所爲若與物反，而其實以至大順。而世之讀老者，尚以愚民訾老子，真癡人前不得說夢也。

章炳麟云：

愚之何道哉？以其明之，所以愚之。今是駔儈（zǎngkuài，説合牲畜交易的人，後泛指經濟人）則欺罔人，然不敢欺罔其同類，交知其術也，故耿介甚。以是知去民之詐，在使民戶知詐，故曰："以智治國，國之賊；不以智治國，國之福。知此兩者亦稽式。"（《道德經‧第六十五章》）謂人有發姦摘（tī，揭發）伏之具矣。"粵無鎛（bó，古代鋤類農具），燕無函（hán，鎧甲），秦無盧（矛、戟之柄），胡無弓車。"（《周禮‧冬官‧考工記第六》）夫人而能之，則工巧廢矣。"常知稽式，是謂玄德。玄德深遠，而與物反。"（《道德經‧第六十五章》）伊尹、太公、管仲，雖知道，其道，盜也。得盜之情以網捕者，莫如老聃。故老聃反於王伯之輔。《《國故論衡‧原道上》》

嚴氏雖不以愚民譏老子，然其解説頗含渾。章氏謂明之所以愚之，其説雖新，頗近迂曲。吾以謂老子此章之言愚之，謂不當以仁賢明於天下以道爲市也。爲治而必欲人知吾之所仁、所賢，是明之也。不欲人之知，是愚之也。"民之難治，以其智多"，智多者利害計較之心甚多也。故治國者若復以此爲治，則是以水救水，以火救火矣。此豈"天地不仁，以萬物爲芻狗；聖人不仁，以百姓爲芻狗"之旨乎？故曰："以智治國，國之賊；不以智治國，國之福。"夫"善爲道者，生而不有，爲而不恃，長而不宰"，夫將何以明民乎？質而言之，老子之於學、於智、於仁、於賢，非真去之、絕之也，不以此自矜，不以此明民而已。第三十八章云：

上德不德，是以有德；下德不失德，是以無德。

準此而言，亦可以云上學不學，上智不智，上仁不仁，上賢不賢矣。

總此數義，可見老子之於政治，因時代環境，當時雖不能有總統制、委員制之說，然其以政府治國愛民，本其天職，不得自以為恩愛，亦不得以恩愛市人心。凡人民之受治者，亦當等視齊觀，不得以賢愚學否而有所輕重。其崇尚平等自由，可以概見，而當時之禮制，則適與此反，故老子大為掊擊之。

（乙）破壞方面　周代禮制，集夏、殷之大成。當其盛時，固可以致純太平之治。然事久則不能無敝，故及其敝也，智詐姦巧之害生焉。老子因環境之壓迫，遂極力掊擊之。在春秋時代，若老子者，殆可謂為禮制革命之新偉人矣。第三十八章云：

故失道而後德，失德而後仁，失仁而後義，失義而後禮。夫禮者，忠信之薄而亂之首也；前識者，道之華而愚之始也。是以大丈夫處其厚，不居其薄，處其實，不居其華，故去彼取此。

此掊擊舊禮制之說也。由是對於當時一切法制，亦多所非議。第五十七章云：

天下多忌諱，而民彌貧。
法令滋彰，盜賊多有。

第七十四章云：

民不畏死，奈何以懼之？若使民常畏死，而為奇者吾得執而殺之，孰敢？

嚴復釋之云：

然而天下尚有爲奇者,則可知其不畏死。

此掊擊當時嚴刑峻罰之說也。第三十章云:

以道佐人主者,不以兵強天下。其事好還,師之所處,荆棘生焉;大軍之後,必有凶年。

第三十一章云:

夫佳原作佳,據王念孫校。兵者不祥之器,物或惡之,故有道者不處。

第四十六章云:

天下有道,卻走馬以糞;天下無道,戎馬生於郊。禍莫大於不知足,咎莫大於欲得,故知足之足常足矣。

此掊擊當時之武力侵略者也。第七十七章云:

天之道,其猶張弓與?高者仰之,下者舉之;有餘者損之,不足者補之。天之道,損有餘而補不足;人之道,損不足以奉有餘。孰能損有餘以奉天下?惟有道者。

此掊擊當時貧富階級也。蓋周代井田制度,至是已漸壞,已有豪彊兼并之風,故孔子亦曰"不患寡,而患不均"也。質而言之,老子對於當時之政治,絕對抱革命主義。第七十五章云:

民之饑,以其上食稅之多,是以饑;民之難治,以其上之有爲,是以難治;民之輕死,以其求生之厚,是以輕死。

此以民之窮而走險,皆當時政治驅之然者也。第五十三章云:

朝甚除,田甚蕪,倉甚虛,服文綵,帶利劍,厭飲食,財貨有餘,是謂盜夸。

"盜夸"當從《韓非子》作"盜竽"。詳見下篇《韓非子之老學》。蓋明以當時政府爲盜賊之先導,不啻一短篇革命之宣言矣。

(三) 教育學説

老子學說除散見各家所引者外,其書約五千餘言,誼指甚博,而文字甚簡。其對於教育學說,誠語焉而不詳。然既知老子政治學說之如何,則其教育所欲造成人材,亦可得而知。質而言之,則平等自由,不以學自高於人。故曰:"學不學,復衆人之所過也。"六十四章。顧或謂老子明言"處無爲之事,行不言之教"二章,焉有教育之可言?而不知此極言自然之教而已,而不學之待教,老子亦嘗明言之。第二十七章云:

是以聖人常善救人,故無棄人;常善救物,故無棄物。故善人者不善人之師,不善人者善人之資。

第四十九章云:

> 善者吾善之，不善者吾亦善之，德善；信者吾信之，不信者吾信之，德信。

第六十二章云：

> 人之不善，何棄之有？

此均可以見老子對於教育，各因其性以造就，故天下無棄人也。嚴復釋第二十七章"聖人常善救人"四句云：

> 管夷吾得此，故能下令如流水之源，又能因禍以爲福。

然則老子之於政治，可謂無爲而無不爲，其於教育，亦可謂無教而無不教也。

其對個人之訓練，固似頗主柔弱。第七十六章云：

> 人之生也柔弱，其死也堅強；萬物草木之生也柔脆，其死也枯槁。故堅強者死之徒；柔弱者生之徒。

第七十八章云：

> 天下莫柔弱於水，而攻堅者莫之能先，以其無以易之。弱之勝強，柔之勝剛，天下莫不知，莫能行。

是尚柔弱之證也。然有時亦不去剛強。第三十三章云：

> 知人者智，自知者明，勝人力者有力，自勝自強，知足者

富,强行者有志。

是老子非不言剛强矣。要而論之,老子之教,非不用剛强,唯以不爭爲本。剛强者,易與人爭,故内剛强而外柔弱。内剛强所以自存,外柔弱所以息爭端。第二十八章云:

　　知其雄,守其雌,爲天下谿;爲天下谿,常德不離,復歸於嬰兒。

蓋雄而曰知,雌而曰守,則非專用雌而去雄者可知。其治國如此,其教人之道亦莫如此矣。

(四) 人生學説

老子之人生哲學,其最易知者如"知足""知止""去私""絶學"等。

　　非以其無私邪? 故能成其私? 七章。
　　絶學無憂。二十章。
　　知足不辱,知止不殆。四十四章。

皆因當時之環境而發生之反響者也。然老子亦非絶對無欲無學者也。第四十一章云:

　　上士聞道,勤而行之;中士聞道,若存若亡;下士聞道,大笑之,不笑不足以爲道。故建言有之:明道若昧,進道若退,夷道若類,上德若谷,大白若辱,廣德若不足,建德若偷,質真若渝,大方無隅,大器晚成,大音希聲,大象無形,道隱無名。夫唯道,善貸且成。

然則老子固常"明道""進道"矣。惟"若昧""若退",而不自以爲"明"且"進"而已,由是一切均處於反面。第二十二章云:

> 曲則全,枉則直,窪(wā,洼也)則盈,敝則新,少則得,多則惑。是以聖人抱一爲天下式。不自見,故明;不自是,故彰;不自伐,故有功;不自矜,故長。

然則老子之學,非"不全""不直""不盈""不新""不得"也,亦非"不明""不彰""不功""不長"也,唯從反而作工夫耳。第二十章云:

> 衆人熙熙,如享太牢(牛、豬、羊三牲),如登春臺;我獨泊兮其未兆,如嬰兒之未孩,儽儽(léi,疲困貌)兮若無所歸。衆人皆有餘,而我獨若遺,我獨愚人之心也哉。沌沌兮,俗人昭昭,我獨昏昏。俗人察察,我獨悶悶,澹(dàn)兮(恬靜貌)其若海,飂若無止。衆人皆有以,而我獨頑似鄙。

此章之"如"字、"若"字、"似"字,最當注意。蓋曰"如"、曰"若"、曰"似"則非真實如此矣。然則衆人之昭昭,正以其昏昏也;我之昏昏,正以我之昭昭也。俗人之察察,正以其悶悶也;我之悶悶,正以我之昭昭也。昔孔子稱顏淵"如愚",老子之學,雖與顏淵不同,而"如愚"二字,實可以概括老子之學,故其言曰:大智若愚也。

其對於死生問題，亦從反面著想。蓋有生則必有死，無可或免者，若求不死，則當不自生。第七章云：

> 天長地久。天地之所以能長且久者，以其不自生，故能長生。是以聖人後其身而身先，外其身而身存。

誠以"不自生"則生非一己之所私，吾身萬化而未始有窮，則吾生亦萬變而未始有盡，此常生之說也。第三十三章云：

> 死而不亡者壽。

嚴復釋之云：

> 苟知死而有不亡者，則夭壽一耳。故曰："朝聞道，夕死可矣。"甚矣，不可不識、不可不求此死而不亡者也。

嚴氏謂"死而不亡，則壽夭一"，是也。其謂不可不求，則非也。老子之意，蓋謂萬物之生，其在於一身者雖異，倘此身毀壞，而其所以生者，仍歸於宇宙而爲生生之本，此即"谷神不死""綿綿若存"之物也。然則就一身而言，雖有生死，離一生而言，孰從而生死之邪？夫人生之所以戚戚不安者，莫如生死，誠使生死問題，已從根本解決，則一切榮辱得喪，均不足以擾吾心矣。第十三章云：

> 寵辱若驚，貴大患若身。何謂寵辱若驚？寵爲上，辱爲下，得之若驚，失之若驚，是以寵辱若驚。何謂貴大患若身？吾所以有大患者，爲吾有身；及吾無身，吾又何患？王弼本作

"何謂寵辱若驚，寵爲下"，宋刊河上本作"何謂寵辱，寵爲下"。俞樾①云："陳景元②、李道純③本均作'何謂寵辱若驚？寵爲上，辱爲下'，可據以訂正諸本之誤。"柱按：俞説是也，今據正。

然則身尚非我有，身外榮辱，寧足論乎？則老子之人生觀，可以知其大略矣。

（五）結 論

質而言之，老子之學，實本於無。故於宇宙爲無名，於政治爲無爲，於人生爲無生。一切均不外乎無。第十一章云：

三十幅共一轂，當其無，有車之用；挺埴以爲器，當其無，有器之用；鑿户牖以爲室，當其無，有室之用。故有之以爲利，無之以爲用。

宋儒王安石駁之云：

道有本有末。本者萬物之所以生也，末者萬物之所以成也。本者，出之自然，故不假乎人之力，而萬物以生者也。

---

① 俞樾(1821—1907)：字蔭甫，自號曲園居士，浙江德清人。清末著名學者，治學以經學爲主，旁及諸子學、史學、訓詁學等領域。所著凡五百餘卷，稱《春在堂全書》。
② 陳景元(1024—1094)：字太初(一説字太虛)，號碧虛子，宋建昌南城(今屬江西)人。北宋高道，有《道德真經藏室纂微篇》《南華真經章句音義》《南華真經章句餘事》等著作存世。
③ 李道純：生卒年不詳，字素符，號清庵，別號螢蟾子，湖南都梁(今武崗)人，宋末元初道士。精於内丹學，融合内丹道派南北二宗，著有《護命經注》《大通經注》《清净經注》等。

末者，涉乎形器，故待人力而後萬物以成也。夫其不假人之力而萬物以生，則是聖人可以無言也、無爲也。至乎有待於人力而萬物以成，則是聖人不能無言也、無爲也。

故昔聖人之在上，而以萬物爲己任者，必制四術焉。四術者，禮樂刑政是也，所以成萬物者也。故聖人唯務修其成萬物者，不言其生萬物者。蓋生者尸之於自然，非人力之所得與矣。老子獨不然，以爲涉乎形器者皆不足言也、不足爲也。故抵去禮樂刑政，而唯道之稱焉。是不察於理而務高之過矣。

夫道之自然者，又何預乎？唯其涉乎形器，是以必待於人之言也、人之爲也。其書曰："三十輻共一轂，當其無，有車之用。"夫轂輻之用，固在於車之無用。然工之琢削，未嘗及於無者，蓋無出於自然之力，可以無與也。今之治車者，知治其轂輻，而未嘗及於無也。

然而車以成者，蓋轂輻具，則無必爲用矣。如其知無爲用，而不治轂輻，則車之爲術固已疎矣。今知無之爲車用，無之爲天下用，然不知所以爲用也。故無之所以爲用者，以有轂輻也；無之所以爲天下用者，以有禮樂刑政也。如其廢轂輻於車，廢禮樂刑政於天下，而坐求其無之爲用也，則亦近於愚也。(《王安石老子注輯本》)

王氏此說，誠可謂至當。然老子亦非不見及此也。故於"有之以爲利"之下，繼之曰"無之以爲用"。

呂惠卿[①]釋之云：

[①] 呂惠卿(1032—1111)：字吉甫，號恩祖，宋閩南晉江(今福建泉州)人。累官至參知政事，屬王安石改革派主要人物。有《道德真經傳》《莊子義集校》等書行世。

> 有有之爲利,而無無之爲用,則所謂利者亦廢而不用矣。有無之爲用,而無有之爲利,則所謂用者,亦害而不利矣。(《道德真經傳》)

此解可謂得之。則老子蓋未嘗去有,特以當時之人,皆從事"於有之爲利",而忘夫"無之爲用",故爲矯枉過正之談耳。

莊子之老學

莊子與老子之學術，其同異如何乎？以莊子稱述老子之多，見上《老子別傳》，則其出於老子無疑也。然《莊子·天下篇》云：

以本爲精，以物爲粗，以有積爲不足，澹然獨與神明居。古之道術，有在於是者，關尹、老聃聞其風而悦之，建之以常無有，主之以太一，以濡弱謙下爲表，以空虛不毀萬物爲實。

關尹曰："在己無居，形物自著。其動若水，其靜若鏡，其應若響。芴乎若亡，寂乎若清。同焉者和，得焉者失。未嘗先人，而常隨人。"

老聃曰："知其雄，守其雌，爲天下谿；知其白，守其辱，爲天下谷。人皆取先，己獨取後。"曰："受天下之垢。"人皆取實，己獨取虛，無藏也故有餘，巋然而有餘。其行身也，徐而不費，无爲也而笑巧。人皆求福，己獨曲全，曰："苟免於咎。"以深爲根，以約爲紀，曰："堅則毀矣，鋭則挫矣。"常寬容於物，不削於人，可謂至極。

關尹老聃乎，古之博大真人哉！

芴漠无形，變化無常；死與？生與？天地並與？神明往與？芒乎何之？忽乎何適？萬物畢羅，莫足以歸。古之道術，有在於是者，莊周聞其風而悅之，以謬悠之說，荒唐之言，無端崖之辭，時恣縱而不儻，不以觭(jī)見(謂一端之見)之也。以天下爲沈濁不可與莊語，以卮言爲曼衍，以重言爲真，以寓言爲廣。獨與天地精神往來，而不敖倪於萬物；不譴是非，以與世俗處。

其書雖瓌(xiāng)瑋(奇偉)，而連犿(fān。宛轉，隨和)無傷也；其辭雖參差，而諔詭可觀。彼其充實，不可以已。上與造物者游，而下與無終始者爲友。其於本也宏大而辟(通達)，深閎而肆；其於宗也，可謂稠適(適當)而上遂矣。雖然，其應於化而解於物也，其理不竭，其來不蛻，芒乎！昧乎！未之盡者！

《天下篇》或以爲莊子自作，或以爲非也，今莫能定其然否。然恐非莊子或深知莊子者，不能道也。然此明以老子別其敘述，則自與老子異也。其敘述老子止言虛靜无爲等等而已，而敘莊子則曰："死與？生與？天地並與？神明往與？"又曰："與天地精神往來，而不敖倪於萬物；不譴是非，與世俗處。"又曰："上與造物者游，而下與外死生無終始者爲友。"則其學比老子爲宏大矣，豈僅學老子者而已哉？

世之論者，嘗以老子之後有莊子，猶孔子之後有孟子，蓋頗近之。然吾以謂孟子之於孔子，不過發揮仁義之說，似爲透徹而已，於孔子之思想，無以遠過。莊子則不然，其發揮老子之說，精闢處固多，遠勝於孟子之於孔子，而其卓越於老子者，則非孟子所能望也。"青出於藍而青於藍，冰出於水而寒於水"，莊子之謂與？

今《莊子》三十三篇，雖不盡爲莊子之文，然意旨無大相乖戾者,要爲莊子一家之言,合而觀之,皆可見莊子之學術也。韓非子有《解老》《喻老》之篇,莊子則無此類之文,然其說多推演老子,實章章明甚。其書關係老學亦甚重要,今分別論之。

(一) 多存老子之遺行遺言。

老之行事,惟《史記·列傳》爲最古,而頗憾其太簡。其言則五千言以外,散見他書者亦多假託。唯見於《莊子》書者,則行事較詳,而言較相近。誠治老子學者最不可少之書也。其說已見前篇《老子別傳》,茲不贅述。

(二) 本傳說以闡明老子之旨。如《庚桑楚篇》云:

老聃之役,有庚桑楚者,偏得老聃之道,以北居畏壘之山,其臣之畫然知者去之,其妾之挈然仁者遠之,擁腫之與居,鞅掌之爲使;居三年,畏壘大壤。畏壘之民,相與言曰:"庚桑子之始來,吾洒然異之,今吾日計之而不足,歲計之而有餘,庶幾其聖人乎?子胡不相與尸而祝之,社而稷之乎?"

庚桑子聞之,南面而不釋然。弟子異之,庚桑子曰:"弟子何異於予?夫春氣發而百草生,正得秋而萬寶成。夫春與秋,豈無得而然哉?天道已行矣。吾聞至人,尸居環堵之室而百姓猖狂不知所如往。今以畏壘之細民,而竊竊焉欲俎豆予於賢人之間,我其杓之人邪?吾是以不釋於老聃之言。"

弟子曰:"不然,夫尋常之溝,巨魚無所還其體,而鯢鰌爲之制;步仞之丘陵,巨獸無所隱其軀,而蘖狐爲之祥。且夫,尊賢授能,先善與利,自古堯舜已然,而況畏壘之民乎?夫子亦聽矣。"

庚桑子曰："小子來！夫函車之獸，介而離山，則不免於罔罟之患；吞舟之魚，碭而失水，則蟻能苦之。故鳥獸不厭高，魚鼈不厭深。夫全其形生之人，藏其身也，不厭深眇而已矣。且夫二子又何足以稱揚哉？是其於辯也，將妄鑿垣墻而殖蓬蒿也。簡髮而櫛，數米而炊，竊竊乎又何足以濟世哉？舉賢則民相軋，任知則民相盜。之數物者，不足以厚民，民之於利甚勤，子有弒父，臣有弒君，正晝爲盜，日中穴阫。吾語汝：大亂之本，必生於堯舜之間，其末存乎千世之後。千世之後，其必有人與人相食者也。"

此文"春氣發而百草生"數語，即發明老子"天地不仁"之旨者也。庚桑子聞人欲尸祝社稷而不釋然，即發明老子"非以明民將以愚之"之旨者也。"舉賢則民相軋"數語，即發明老子"不尚賢"者也。

（三）以寓言闡明老子之旨。如《知北游篇》云：

知北游於玄水之上，登隱弅(fèn，隆起)之丘，而適遭无爲謂焉。知謂无爲謂曰："予欲有問乎若，何思何慮則知道？何處何服則安道？何從何道則得道？"三問而无为谓不能答也。非不答，不知答也。

知不得問，反於北水之南，登狐闋之上，而睹狂屈焉。知以之言也，問乎狂屈。狂屈曰："唉！予知之，將語若。"中欲言而忘其所欲言。

知不得問，反於帝宮，見黃帝而問焉。黃帝曰："无思无慮始知道，无處无服始安道，无從无道始得道。"

知問黃帝曰："我與若知之，彼與彼不知也，其孰是邪？"

黄帝曰:"彼无爲謂,真是也;狂屈似之;我與汝,終不近也。夫知者不言,言者不知。故聖人行不言之教。道不可致,德不可至。仁可爲也,義可虧也。故曰:'失道而後德,失德而後仁,失仁而後義,失義而後禮;禮者道之華,而亂之首也。'(《道德經·第三十八章》)故曰:'爲道者日損,損之又損之,以至於無爲,無爲而無不爲也。'(《道德經·第四十八章》)今已爲物也,欲復歸根,不亦難乎? 其易也,其唯大人乎? 生也死之徒,死也生之始,孰知其紀? 人之生,氣之聚也。聚則爲生,散則爲死。若死生爲徒,吾又何患? 故萬物一也。是其所美者爲神奇,其所惡者爲腐臭。故曰:通天下一氣耳。故聖人貴一。"

知問黄帝曰:"吾問无爲謂不應我,非不我應,不知應我也。吾問狂屈,狂屈中欲告我而不我告,非不我告,中欲告而忘之也。今予問乎若,若知之,奚故不近?"黄帝曰:"彼其真是也,以其不知也;此其似之也,以其忘之也;予與若,終不近也,以其知之也。"狂屈聞之,以黄帝爲知言。

此以寓言釋老子"知者不言"之旨,而旁及"失道後德""爲道日損"之言者也。其言生死爲徒,則釋明老子"及吾無身吾又何患"之旨,而"生也死之徒,死也生之始",則又卓出老子"無生"之上者矣。

(四)藉問難以明老子之旨者。如《外物篇》云:

惠子問莊子曰:"子言无用。"莊子曰:"知无用,而始可與言用矣。夫地非不廣且大也,人之所欲①容足耳。然則

———

① 欲:通行本作"用"。

廁足而墊之致黃泉,人尚有用乎?"惠子曰:"无用。"莊子曰:"然則无用之爲用也亦明矣。"

此即釋老子所謂"有之以爲利,無之以爲用"之旨者也。

(五)譔專論以闡明老子之旨。如《胠篋》等篇是也。文長不具錄,茲節錄一段以示例。

夫川竭而谷虛,丘夷而淵實。聖人已死,則大盜不起,天下平而无故矣。聖人不死,大盜不止。雖重聖人而治天下,則是重利盜跖也。爲之斗斛以量之,則並與斗斛而竊之;爲之權衡以稱之,則並與權衡而竊之;爲之符璽以信之,則並與符璽而竊之;爲之仁義以矯之,則並與仁義以竊之。何以知其然邪?彼竊鉤者誅,竊國者爲諸侯,諸侯之門而仁義存焉,則是非竊仁聖知邪?故逐於大盜,揭諸侯,竊仁義並斗斛、權衡、符璽之利者,雖有軒冕之賞弗能勸,斧鉞之威弗能禁。此重利盜跖而使不可禁者,是乃聖人之過也。故曰:"魚不可脱於淵,國之利器不可示人。"(《道德經·第三十六章》)彼聖人者,天下之利器也,非所以明天下也。

此闡明老子,"絶聖棄知"之旨者也。然則莊子解老之文體可略見矣。若其學説與老子之比較,亦有可得言者,今再分別論之。

(一)宇宙學説　老子之於宇宙,止言其爲不可名狀,超出於對待而已,尚無切實具體之觀念。莊子則不然,既甚有具體觀念,而又甚爲懷疑。其《天運篇》云:

莊子之老學

> 天其運乎？地其處乎？日月其爭於所乎？孰主張是？孰維綱是？孰居无事推而行是？意者其有機緘而不得已邪？意者其轉運①而不能自止邪？雲者爲雨乎？雨者爲雲乎？孰隆施是？孰居无事淫樂而勸是？風起北方，一西一東，有上彷徨，孰噓吸是？孰居无事而披拂是？

此可見其對於宇宙懷疑之態度，而其對於宇宙之觀念，比老子爲真實，亦略可概見矣。其對於宇宙之解釋，則《庚桑楚篇》言之頗明。其言云：

> 有實而无乎處者，宇也。有長而無本剽者，宙也。有乎生，有乎死，有乎出，有乎入。入出而无見其形，是爲天門。天門者，无有也。萬物出乎无有。有不能以有爲有，必出乎无有，而无則一无有②。

此析而言之，以空間釋宇，以時間釋宙。渾而言之，則宇宙無大小，無始終者也。郭象釋"有不能以爲有"云：

> 夫有之未生，以何爲生乎？故必自有耳，豈有之所能有乎？

其釋"必出乎无有"云：

> 此所以明有之不能爲有，而自有耳。非謂無能爲有也。

---

① 轉運：通行本作"運轉"。
② 无則一无有：通行本作"无有一无有"。

若無能爲有,何謂無乎?

成玄英①疏郭氏此注云:

> 夫已生未生,二俱無有。此有之出乎無有,非謂此無能生有。若無能生有②,何謂無乎?(《南華真經注疏·庚桑楚》)

此以佛理釋莊子,然非莊子本旨也。莊子之旨,蓋即老子"天下萬物生於有,有生無"之説,所謂"出入而无見其形",即老子所謂"無狀之狀、無物之象"。故莊子之所謂"无有"即老子之所謂"無"也。

其於宇宙生物,亦本於老子,以爲無意志。《天道篇》云:

> 吾師乎!吾師乎!韲(jī,整理調和)萬物而不爲戾(高),澤及萬世而不爲仁!長於上古而不爲壽!覆載天地,刻雕衆形,而不爲巧!此之謂天樂。

《大宗師篇》亦有此語,託爲許由之言,蓋寓言類也。此亦老子"天地不仁"之説也。至其論生物之起源,亦本於老子而加詳。《天地篇》云:

> 泰初有无无,有无名。一之所起,有一而未形。物得之

---

① 成玄英(608—?):字子實,唐初道士,陝州(在今河南三門峽市)人。曾隱居東海,貞觀五年(631),唐太宗召至京師,加號"西華法師",後隱居郁州(今江蘇連雲港)之雲臺山。亦通儒學經典,有《道德真經義疏》《南華真經注疏》《道德經開題序訣義疏》等。

② 若無能生有:通行本作"無若生有"。

以生，謂之德。未形者有分，且然无間，謂之命。留動而生物，物成生理，謂之形。形體保神，各有儀則，謂之性。

成玄英疏"留動"二句云：

留，靜也。陽動陰靜，氤氳升降，分布三才，化生萬物，物得成就，生理具足，謂之形也。（《南華真經注疏‧天地》）

此以天地陰陽二氣，自然化生萬物，而各有其儀則者也。萬物自然化生，而其種類所以不齊，則又因乎天演進化之故。《至樂篇》云：

種有幾？得水則爲䌛（同"繼"，斷續如絲的草），得水土之際則爲䵷蠙（wābīn）之衣（青苔），生於陵屯（高地）則爲陵舄（xì，車前草），陵舄鬱棲（糞土），則爲烏足，烏足之根爲蠐螬（俗稱地蠶，金龜子的幼蟲），其葉爲胡蝶胥（不久，成玄英謂爲蝴蝶名）也，化而爲蟲，生於竈下，其狀若脫，其名爲鴝掇（qúduō）。鴝掇千日，爲鳥，其名爲乾餘骨。乾餘骨之沫爲斯彌，斯彌爲食醯（xī，蟻蠓）。頤輅（yílù，亦蟲名）生乎食醯，黃軦（kuàng，蟲名）生乎九猷（即久酉，蟲名），瞀芮（màoruì，蚊類）生乎腐蠸（quán，螢火蟲）。羊奚（疑即竹蓀）比乎不筍（sǔn），久竹生青寧（竹根蟲），青寧生程（中國謂之豹，越人謂之貘），程生馬，馬生人，人又反入於機。萬物皆出於機，皆反於機。

此段所言之物名，不能盡識。然大意謂生物之種多，得水則繼續變化；生水土之際者爲䵷蠙之衣，生於丘陵爲陵舄之草，各因水陸之殊而爲植物也亦異。由是植物演進而爲蟲，而爲鳥，再經許多變化,而爲馬,而爲人,皆天演之自然者,其説頗有合於今日之物種由來論。皆本老子"天地不仁"及"道生一,一生二,二生三,三生萬物"之説而推演之,而益加精詳者也。雖然,莊子之宇宙思想,雖比老子爲加詳,然其對宇宙之本體,則甚多懷疑,如前所引《天運篇》語是也。故其結果,對於宇宙,嘗欲置之不議,《齊物篇》云:

  六合之外,聖人存而不論。六合之内,聖人論而不議。

蓋亦因當時科學不明,儀器不精,無從測驗,徒馮理想,無益於學,故雖嘗論之而終欲廢之也。

(二) 政治學説   莊子之政治學説,亦純本老子之自然,而主張絕對放任。兹舉例以明之。《應帝王篇》云:

  天根游於殷陽,至蓼水之上,適遭無名人而問焉。曰:"請問爲天下?"無名人曰:"去,汝鄙人也,何問之不豫也?予方將與造物者爲人,厭則又乘夫莽眇之鳥,以出六極之外,而游无何之有鄉,以處壙埌之野,汝又何帠崔本作"爲",柱疑"帠"乃"爲"字古文冏之譌。以治天下感予之心爲?"又復問。無名人曰:"汝游心於淡,合氣於漠,順物自然而无容私焉,而天下治矣。"

此以游之放任,喻爲治之當放任也。既主放任,故對於當時之體制,亦極力掊擊。《馬蹄篇》云:

  夫馬,陸居則食草飲水,喜則交頸相靡,怒則分背相踶

（通踢），馬知已此矣。夫加之以衡扼，齊之以月題（又曰當顱，馬額頭上的金屬裝飾），而馬知介（獨也）倪（睨視）、闉（yīn，曲）扼、鷙（抵也）曼（借為慢，車覆也）、詭銜（私吐出其勒）、竊轡（盜脫籠頭）。故馬之知而態至盜者，伯樂之罪也。

夫赫胥氏之時，民居不知所爲，行不知所之，含哺而熙（通"嬉"），鼓腹而游，民能以此矣。及至聖人，屈折禮樂，以匡天下之形；縣跂（懸舉，提倡）仁義，以慰天下之心，而民乃始踶跂（dìqí，勉力行之貌）好知，爭歸於利，不可止也。此亦聖人之過也。

蓋亦皆本於老子"絕學無憂""絕聖棄知"之説而加厲者也。

（三）人生學説　莊子之人生哲學，亦本於其宇宙觀念。蓋其視人之死生皆不過形體之變化，而爲一氣之生，則未始有異。明乎此，則世所謂死不過此形之毀壞，而所以爲生則實未嘗死也。《大宗師篇》云：

夫藏舟於壑，藏山於澤，謂之固矣。然而夜半有力者負之而走，昧者不知也。藏小大有宜，猶有所遯。若夫藏天下於天下，而不得其所遯，是恆物之大情也。特犯人之形，而猶喜之。若人之形者，萬化而未嘗有極也，其爲樂可勝計邪？故聖人將游於物之所不得遯而皆存。

此以一氣之生，隨形而變，忽而爲人則爲人，忽而爲馬則爲馬。今日爲人而吾樂之，他日爲馬，吾亦樂之。形萬化而未有窮，則樂亦萬化而未有盡也。此理與輪廻之説大異，彼所謂生者爲一物之靈魂，此所謂生者，乃百生之一氣；彼所輪廻乃有意識之賞罰，而此則爲造化之自然，蓋絕相反也。且世人之所謂死者，以其身體之毀壞耳，而以莊子視之，亦無所謂毀壞。《齊物論篇》云：

其分也，成也；其成也，毀也。萬物無成與毀，復通爲一。

蓋人之身體，亦不過宇宙之元素所組成。在此以爲成，在彼或爲毀，在此以爲毀，在彼或爲成。譬如陶者，以土爲器，於器爲成，而於土則爲毀矣；爨者以火燒薪，於薪則爲毀，而於灰則爲成矣。故吾身毀於此，同時又未嘗不成於彼也。夫如是，更何生死成毀之足云？而人之喜生惡死者皆惑矣。《齊物論篇》云：

吾惡乎知說生之非惑邪？予惡知惡死之非弱喪（自幼流落）而不知歸者邪？麗之姬，艾封人之子也。晉國之始得之也，涕泣沾襟；及其至於王所，與王同匡牀，食芻豢（huàn。肉食），而後悔其泣也。予惡乎知夫死者之不悔其始之蘄生乎？

此蓋謂今日爲人，死而爲他物，他物亦自有足樂。未至其時而悲懼之者，皆非也。更有進者，《知北游篇》云：

生也死之徒，死也生之始。

蓋人之既生，則必由幼而壯，由壯而老，由老而死。是人之方生，已直向死路而走，故曰："生也死之徒。"然自達者觀之，生死不過神形之變化，毀於此者成於彼，死於彼者生於此，是至乎死者又爲生始矣。故曰："死也生之始。"然則莊子自述，以謂獨與天地精神往來者，豈虛語哉？

（四）結論　莊子之老學，如以上所述，已可以略觀矣。質而論之，一切皆不能出老子之範圍。惟立説較爲透切，至於宇宙觀念，推測天地日月之運行，則由老子之空泛而欲進於實體；生物起源進化之説，亦由老子之簡括而欲進於徵實：此則莊子之學能青出於藍者也。惜其時科學未進，故終欲不論不議，此可以見學術之進步，宜萬塗競發，互相因依，非可以一徑獨達也。至其人生哲學，以死生爲一，方諸老子之"以不生爲生""死而不亡爲壽"者，益爲放曠矣。

韓非子之老學

司馬遷《史記》以老子、莊子與申子、韓非子同傳,且其贊曰:

老子所貴道,虛無因應,變化於無爲,故著書辭稱微妙難識。莊子散道德放論,要亦歸之自然。申子卑卑,施於名實。韓子引繩墨,切事情,明是非,其極慘礉(hé,苛刻)少恩。皆原於道德之意,而老子深遠矣。(《史記·老子韓非列傳》)

其後蘇軾作論(《韓非論》),極力闢之,而或者多爲老子冤。然今考韓非子有《解老》《喻老》二篇,則謂其學不出於老子不可得也。惟其與老子所以異同之故,則有當討論者耳。

《解老》與《喻老》之別,蓋前者主釋義,而後者多以古事爲喻耳。此二篇爲解《老子》最古之書,最可寶貴。其長有三:

一曰:文字與今本不同,可以訂正今本。如今本《道德經》五十三章云:

朝甚除,田甚蕪,倉甚虛,服文綵,帶利劍,厭飲食,貨財有餘,是謂道夸,非道也哉?

晉王弼釋之云：

凡物不以其道得之，則皆邪也，邪則盜也。夸而不以其道得之，竊位也。故舉非道以明非道，則皆盜夸也。

王弼解"夸"字殊多牽強，韓非子《解老篇》引《老子》文則"盜夸"作"盜竽"。其解云：

諸夫飾智故以至於傷國者，其私家必富；私家必富，故曰"資貨有餘"。國有若是者，則愚民不得無術而效之，效之則小盜生。由是觀之，大姦作則小盜隨，大奸唱則小盜和。竽也者，五聲之長者也。故竽先則鍾瑟皆隨，竽唱則諸樂皆和。今大姦作則俗之民唱，俗之民唱則小盜必和，故"服文采，帶利劍，厭飲食而資貨有餘者，是之謂盜竽"矣。（《韓非子·解老》）

韓子"夸"作"竽"，其解"盜竽"，蓋遠勝於王弼之解"盜夸"矣。

二曰：古義與後人望文生訓者不同。如五十章云：

出生入死，生之徒十有三，死之徒十有三。人之生，動之死地，亦十有三。

王弼釋之云：

十有三，猶云十有三分，取其生道，全生之極，十分有三耳；取死之道，全死之極，亦十分有三耳。

而韓非子則釋之云：

> 人始於生而卒於死。始謂之出，卒謂之入，故曰："出入生死。"人之身三百六十節，四肢九竅，其大具也，四肢與九竅十有三。各本"三"下有"者"，據王先慎説删。十有三者之動靜，盡屬於生焉。屬之，謂徒也。故曰："生之徒也十有三。"舊"三"下有"者"字，據盧文弨①説删。至其死也，十有三者，皆還而屬之於死，死之徒亦十有三。故曰："生之徒十有三，死之徒十有三。"凡民之生生而生者固動，動盡則損也，而動不止，是損而不止也。損而不止，則生盡，生盡之謂死，則十有三具者，皆爲死地也。故曰："民之生生而動，動皆之死地亦十有三。"

此解"十有三"何等確切。蓋人之生恃乎形體，形體之生長，恃乎動，由是而從幼得壯，從壯得老，從老得死，皆形體之動使然也。清人姚鼐以韓非之解"盜竽"爲訛，近人胡適謂韓非之解"生之徒十有三"爲極無道理，棄周鼎而寶康瓠(hù，破瓦壺)，吾求見其明矣。

三曰：佚文可補今本之闕。如《解老》篇云：

> 道譬諸水，溺者多飲之即死，渴飲之節生；譬之若劍戟，愚人以行忿則禍生，聖人以誅暴則福成。故曰原脱曰字，據王先慎增：得之以死，得之以敗，得之以成。

---

① 盧文弨(1717—1795)：字召弓，一字紹弓，號磯漁，人稱抱經先生，清代仁和(今浙江杭州)人。乾隆進士，官至湖南學政。長於校勘，與戴震、段玉裁友善，校勘《逸周書》《孟子音義》《荀子》《吕氏春秋》等，匯成《抱經堂叢書》十五種，又和經史子集三十八種，摘字而注之，名爲《群書拾補》。

此文"得之以死"四句,王先慎云:"老子各本無,蓋佚文也。"其他勝義尚難更僕數(指計貲)。然則韓非本於老而卒與老之慈相反,獨以慘礉著者何邪?蘇軾所謂"求無有之說而不得,得其所以輕天下之說,故敢於殘忍而無疑"者(《韓非論》),事固有之,而仍未能盡也。大抵學者之思想,一因乎天性,二因乎所學,三因乎環境。設有三人焉,初本同一師法也。及受環境潮流之所壓廹,則其因天性之殊,而思想學說遂異矣。其異也,亦不外三端,一曰反抗,二曰順應,三曰調和。三者不同,而欲以改進環境則一也。韓非之於老學,雖頗能得其精,然生於戰國之末,秦將征服六國之時,目睹國家之生存,全憑乎實力。而當時之君,除秦之外,皆多好爲空談,無救危弱。觀《韓非子・顯學篇》可以知其崖略矣。其言云:

> 今有人於此,義不入危城,不處軍旅,不以天下大利易其脛一毛,世主必從而禮之,貴其智而高其行,以爲輕物重生之士也。夫上所陳良田大宅,設爵祿,所以易民死命也。今上尊貴輕物重生之士,而索民之出死而重殉上事,不可得也。藏書策,習談論,聚徒役,服文學而議說,世主必從而禮之,曰:"敬賢士,先王之道也。"夫吏之所稅,耕者也;而上之所養,學士也;耕者則重稅,學士則多賞;而索民之疾作而少言談,不可得也。立節參民,執操不侵,怨言過於耳,必隨之以劍,世主必從而禮之,以爲自好之士。夫斬首之勞不賞,而家鬭之勇尊顯,而索民之疾戰距敵而無私鬭,不可得也。國平則養儒俠,難至則用介士;所養者非所用,所用者非所養,此所以亂也。且夫人主於聽學也,若是其言,宜布之官而用其身;若非其言,宜去其身而息其端。今以爲是也而弗布於官,以爲非也而不息其端。是而不用,非而不息,亂亡

之道也。

觀此則韓非所處政治之環境，爲尚虛文而忘實力者可知。而韓非欲逆其環境而改造之，其意亦可見矣。且當其時攻伐之急逼，兵力之需要，亦於此可見。而韓非之欲適應其環境，從事實力以求國家之生存，又可知矣。

韓非以尚實力而矯空文之故，於是不能不重賞罰。故其《難一篇》云：

>且舜救敗，朞年已一過，三年已三過；舜壽有盡①，天下過無已者；以有盡逐無已，所止者寡矣。賞罰使天下必行之，令曰：中程（合乎期限）者賞，不②中程者誅。令朝至暮變，暮至朝變，十日而海內畢矣，奚待朞年？

蓋重賞罰，則成功速，而實力易充也。重賞罰則不能不明術數。故《六反篇》云：

>今上下之接，無子父之澤，而欲以行義禁下，則交必有郄（同"郤"，隔閡）矣。且父母之於子也，產男則相賀，產女則殺之。此俱出自父母之懷妊，然男子受賀，女子殺之者，慮其後便，計之長利也。故父母之於子，猶用計算之心以相待也，而況無父子之澤乎？

此其重術數，蓋又目擊當時之環境使然矣。然則崇實力，重

---

① 舜壽有盡：通行本作"舜有盡，壽有盡"。
② 不：通行本作"弗"。

賞罰，明術數，三者蓋韓非學術之大端。今韓非書五十五篇，其言雖多，而大旨不外乎是矣。是固環境使然，而亦不能不謂其導原於老，茲試略舉而論之。如《老子》三十八章云：

上德不德，是以有德。下德不失德，是以無德。上德無爲而無以爲。下德爲之而有以爲。上仁爲之而無以爲。上義爲之而有以爲。上禮爲之而莫之應，則攘臂而扔之。故失道而後德，失德而後仁，失仁而後義，失義而後禮。夫禮者忠信之薄，而亂之首；前識者，道之華，而愚之始。是以大丈夫處其厚不處其薄，居其實不居其華，故去彼取此。

而韓非《解老篇》釋之云：

凡德者以無爲集，以無欲成，以不思安，以不用固。爲之用①之，則德無舍，德無舍則不全。用之思之則不固，不固則無功，無功則生有德。德則無德，不德則有德。故曰："上德不德，是以有德。"所以貴無爲無思爲虛者，謂其意無所制也。夫無術者，故以無爲無思爲虛也。夫故以無爲無思爲虛者，其意常不忘虛，是制於爲虛也。虛者謂其意無所制也。今制於爲虛，是不虛也。虛者之無爲也，不以無爲爲有常。不以無爲則有常，則虛②，虛則德盛，德盛謂之上德。故曰：上德無爲而無不爲也。

仁者，謂其中心欣然愛人也。其喜人之有福，而惡人之有禍也。故曰：上仁爲之而無以爲也。義者，君臣上下之

---

① 用：通行本作"欲"。
② 不以無爲則有常，則虛：通行本作"不以無爲爲有常則虛"。

事,父子貴賤之差也,知交朋友之接也,親疏內外之分也。臣事君,宜;下懷上,宜;子事父,宜;賤敬貴,宜;知交朋友之相助也,宜;親者內而疏者外,宜。義者,謂其宜也,宜而爲之。故曰:上義爲之而有以爲也。

禮者,所以貌情也,羣義之文章也,君臣父子之交也,貴賤賢不肖之所以別也。中心懷而不諭,故疾趨卑拜以明之;實心愛而不知,故好言繁辭以信之。禮者,外飾之所以諭內也,故禮以貌情也。"故"下各本有"曰"字,據顧廣圻①校刪。凡人之爲外物動也,不知其爲身之禮也。衆人之爲禮也,以尊他人也,故時勤時衰。君子之爲禮也,以爲其身。以爲其身,故神之爲上禮。上禮神而衆人貳,故不能相應。不能相應,故曰:上禮爲之而莫之應。衆人雖貳,聖人之復恭敬盡手足之禮也不衰,故曰:攘臂而扔之。

道有積而德有功,德者道之功。功有實而實有光,仁者德之光。光有澤而澤有事,義者仁之事也。事有禮而禮有文,禮者義之文也。故曰:失道而後失德,失德而後失仁,失仁而後失義,失義而後失禮。

禮爲情貌者也,文爲質飾者也。君子取情而去貌,好質而惡飾。夫恃貌而論情者,其情惡也;須飾而論質者,其質衰也。何以論之?和氏之璧,不飾以五采;隨侯之珠,不飾以銀黄;其質至美,物不足以飾之。夫物之待飾而後行者,其質不美也。是以父子之間,其禮樸而不明。故曰:禮薄也。凡物不並盛,陰陽是也;理相奪予,威德是也;實厚者貌薄,父子之禮是也。由是觀之,禮繁者實心衰也。然則爲禮

---

① 顧廣圻(1770—1839):字千里,號澗蘋,別號思適居士,清代江蘇元和(在今蘇州)人。嘉慶諸生,博覽四部全書,通經學、小學,尤精校讎學,著有《思適齋文集》。

者事通人之樸心者也。眾人之爲禮也，人應則輕勸原作歡，據顧廣圻校改，不應則責怨。今爲禮者事通人之樸心，而資之以相責之分，能毋爭乎？有爭則亂。故曰：夫禮者忠信之薄，而亂之首乎。

先物行，先理動，理之前識①。前識者，無緣而妄意度也。何以論之？詹何②坐，弟子侍，有牛鳴於門外。弟子問："是黑牛也，而白在其題。"詹何曰："然，是黑牛也，而白在其角。"使人視之，果黑牛而以布裹其角。以詹子之術，嬰眾人之心，華焉殆矣。故曰：道之華也。嘗試釋詹子之察，而使五尺之愚童子視之，亦知其黑牛而以布裹其角也。故以詹子之察，苦心傷神，而後與五尺之愚童子同功。是以曰：愚之首也。故曰：前識者，道之華也。

所謂大丈夫者，謂其智之大也。所謂處其厚不處其薄者，行情實而去禮貌也。所謂處其實不處其華者，必緣理不徑絕也。所謂去彼取此者，去禮貌徑絕"貌"上"禮"字，各本無，據顧廣圻校增。而取緣理、好情實也。故曰：去彼取此。

據《韓非子》此文，則《老子》三十八章韓本當作：

上德不德，是爲有德。下德不失德，是以無德。上德無爲而無不爲也，下德爲之而有以爲也，韓非子不釋此句，據上句加"也"字。上仁爲之而無以爲也，上義爲之而有以爲也，上禮爲之而莫之應，則攘臂而扔之。故失道而後失德，失德而後失仁，失仁而後失義，失義而後失禮，失禮者忠信之薄也，

---

① 理之前識：通行本作"謂之前識"。"理"當爲訛。
② 詹何：生卒年不詳，戰國時道家，楚國術士，繼承楊朱"爲我"思想，認爲"重生"必然"輕利""自勝"，反對縱慾。材料散見於《呂氏春秋》《列子》《韓非子》等書。

而亂之首乎？前識者，道之華也，而愚之首也。是以大丈夫處其厚不處其薄，處其實不處其華，故去彼取此。

此與今本《老子》大異者，惟"上德無爲而無不爲"及"失道而後失德，失德而後失仁，失仁而後失義，失義而後失禮"等句。今本作"上德無爲而無以爲"、"失道而後德，失德而後仁，失仁而後義，失義而後禮"，其義旨蓋大異也。其解釋《老子》固甚爲翔實，而以冠於一篇之首，亦可見韓非之重視此章矣。然韓非學老子之學，所以卒變而爲刑名者，蓋亦可以於此章得其大體矣。

蓋韓非唯以有德則無德，無德則有德，故不爲老子之"上德無爲"而專爲其"上德之無不爲"者也。故曰："故以無爲無思爲虛者，其意常不忘虛，是制於爲虛也。虛者，謂其意無所制也。今制於爲虛，是不虛矣。虛者之無爲也，不以無爲爲有常。不以無爲有常則虛，虛則德盛。"此固持之有故，言之成理。然其以不必虛爲虛，故以不必無爲爲無爲。是以一旦受環境壓迫，則隨其性之所近而趨於極端，於是以無不爲而後可以無爲矣。夫無不爲斯所以不能不持極端之干涉主義矣。干涉之道莫要於賞罰，故不得不嚴刑重賞以爲其干涉之方法；而其干涉之目的，則又在乎欲達其崇實力之宗旨，蓋又本於老子薄禮之說者。故其言以禮爲情貌，文爲質飾，大丈夫當行情實去禮貌，則一切文學言談，在所當去，而唯從事於實事求是者矣。又韓非既專恃賞罰以達其干涉之目的，禮義既非所尚，斯不得不以術數濟之。《老子》三十六章云：

　　將欲歙之，必固張之；將欲弱之，必固强之；將欲廢之，必固興之；將欲奪之，必固與之。

而韓非子《難一篇》云：

且臣盡死力以與君市，君垂爵禄以與臣市。君臣之際，非父子之親也，計數之所出也。

是韓非直以臣欲得君之爵禄，故先盡其死力；君欲得臣之死力，故先垂其爵禄；皆欲取先與之義，計數之所出也。在老子之意，本欲揭破天下之陰謀，以見張、强、興等不易居，而韓非則因而用之，以對待一切矣。又如《老子》六十七章云：

我有三寶，持而保之。一曰慈，二曰儉，三曰不敢爲天下先。慈故能勇；儉故能廣；不敢爲天下先，故能成器長。……夫慈，以戰則勝，以守則固。天將救之，以慈衛之。

而韓非《解老》釋之云：

愛子者慈於子，重生者慈於身，貴功者慈於事。慈母之於弱子也，務致其福；務致其福，則事除其禍；事除其禍，則思慮熟；思慮熟，則得事理；得事理，則必成功；必成功，則其行之也不疑；不疑之謂勇。聖人之於萬事也，盡如慈母之爲弱子慮也，故見必行之道，則其從事亦不疑，不疑之謂勇。不疑生於慈，故曰：慈故能勇。

周公曰："冬日之閉凍也不固，則春夏之長草木也不茂。"天地不能常侈常費，而況於人乎？故萬物必有盛衰，萬事必有弛張，國家必有文武，官治必有賞罰。是以智士儉用其財則家富，聖人愛寶其神則精盛，人君重戰其卒則民衆。民衆則國廣，是以舉之曰：儉故能廣。

凡物之有形者易裁也，易割也。何以論之？有形則有短長，有短長則有小大，有小大則有方圓，有方圓則有堅脆，有堅脆則有輕重，有輕重則有黑白。短長、大小、方圓、堅脆、輕重、黑白之謂理，理定而物易割也。故議於大庭而後言則立，權議之士知之矣。故①成方圓而隨其規矩，則萬事之功形矣。而萬物莫不有規矩，議言之士，計會規矩也。聖人盡隨於萬物之規矩，故曰：不敢爲天下先。不敢爲天下先，則事無不事，功無不功，而議必蓋世，欲無處大官，其可得乎？處大官之謂成事長。故曰：原"故"上有"是以"字，據王先慎校刪。不敢爲天下先，故能爲成事長。成事長，今《老子》作"成器長"，異文也。

　　慈於子者不敢絶衣食，慈於身者不敢離法度，慈於方圓者不敢舍規矩。故臨兵而慈於士吏，則戰勝敵；慈於器械，則城堅固。故曰：慈於戰則勝，以守則固。

此解釋《老子》則純然刑名家之論調矣。夫老子之慈，所以勇於愛人也，而韓非引而申之，則以謂見必成之功，行不疑之事。老子之儉，所以爲愛人之資也，而韓非引而申之，則以謂重戰則民衆，民衆則國廣，則所以儉者乃所以爲侵略之資矣。老子之不敢爲天下之先，恐先則近於爭，而爲愛人之累，而韓非引而申之，以法度爲盡萬物之規矩。而其《五蠹篇》云：

　　故明主之國，無書簡之文，以法爲教；無先王之語，以吏爲師；無私劍之捍，以斬首爲勇。是境内之民，其言談者必軌於法，動作者必歸之於功，爲勇者盡之於軍。是故無事則

---

① 故：後脱"欲"字。

國富,有事則兵強,此之謂王資。既畜王資,而承敵國之釁(xìn,隙也),超五帝、侔三王,必此法也。

此其論旨固與老子大殊,然苟以韓非《解老篇》對勘,則可知其爲本於老子之言,而變本加厲者矣。夫老子之言,太史公歎其深遠,豈一端而已哉?而韓非則因其性之所近與環境之所迫,憤而趨於極端矣。蓋老子明人之詐,所以使天下之人知所防;而韓非則處於詐僞之環境,知天下之詐,防無可防,而遂不得以詐僞之心待人,如上所引計數之説是也。老子則教人爲善,而韓非則處惡毒之環境,知天下人無可教,而不得不以不肖之心待人。故《六反篇》云:

> 老聃有言曰:"知足不辱,知止不殆。"夫以殆辱之故,而不求於足之外者,老聃也。今以爲足民而可以治,是以民爲皆如老聃也。故桀爲天下而不足於尊,富有四海而不足於寶。① 君人者雖足民,不能足使爲天子;而桀未必以天子爲足也,則雖足民,何可以爲治也。故明主之治國也,適其時事以致財物,論其稅賦以均貧富,厚其爵祿以盡賢能,重其刑罰以禁姦邪。使民以力得富,以事致貴,以過受罪,以功致賞,而不念慈惠之賜。此帝王之政也。

既以不肖待人,則道德亦非所尚矣。故其《顯學篇》云:

> 夫嚴家無悍虜,而慈母有敗子,吾以此威勢可以禁暴,而德厚之不足以止亂也。夫聖人之治國,不恃人之爲吾善

---

① 此句通行本作"故桀貴在天子而不足於尊,富有四海之内而不足於寶"。

也，而用其不得爲非也。恃人之爲吾善也，竟内不什數；用人不得爲非，一國可使齊。爲治者用衆而舍寡，故不務德而務法。

斯則與老子道德之旨大相反矣。蓋韓非之於老子學説，往往得其反面，故不覺始合而終分，皆個人之天性與環境之壓迫使然矣。又況身當戰國之末，儒以文亂法，俠以武犯禁，墨翟之兼愛，楊朱之爲我，戰國諸子之以學術爭鳴於天下者，不可勝數。高者雖心乎生民，而手無斧柯，虛言不足救國；卑者且以空談取寵，無裨實用。則韓非之於老學，又安得不遠離其宗乎？於是韓非乃易老子之三寶而自有其三道矣。《詭使篇》云：

聖人所以爲治道者三：一曰利，二曰威，三曰名。夫利者所以得民也，威者所以行令也，名者上下之所道也。非此三者，雖有不急矣。

夫非此三者，雖有不急，則老子之三寶，蓋已非所急，而易以利、威、名三者爲其三寶矣，於是與老子政治之宗旨乃大相倍戾。《老子》三十七章云：

道常無爲而無不爲，侯王若能守之，萬物自化。化而欲作，吾將鎮之以無名之樸。夫亦將無欲。不欲以靜，天下將自定。

老子欲鎮天下以無欲，而韓非則欲召天下以多欲矣。欲者何？名利是也。《老子》七十二章云：

民不畏威,則大威至。

七十四章云:

民不畏死,奈何以死懼之?

　　蓋老子乃深疾當時之政府威嚇民衆,而韓非則欲以威劫天下矣。以此可以見人之思想,關於所學者固甚小,而關於天性及環境者乃甚大也。世之以書本教育、學校教育爲萬能者,可以憬然悟矣。

莊韓兩家老學之比較

莊韓兩家之學，皆出於老子，已如上兩篇所述矣。然莊則持絕對放任主義，韓則持絕對干涉主義，殆如冰炭之不相同焉。蓋本其性情之異，因環境之壓迫，而遂各走極端者也。蓋當時政府不良，故法度不明，是非不定，賞罰不當，榮辱憑其喜怒，生死隨其俯仰。謂有政府，則政府之政令不行，謂無政府，則人民之自由喪失。兩端之敝既呈，則以性情之別，各從其一端而爲觀察，而所見遂各有不同矣。所見既有不同，而所學又因性情之別，所得又不能無異。於是以偏見之學，救偏見之弊，故其始雖同於一本，其末乃如胡越矣。此莊韓之所以本同而末異也。

蓋嘗試論之，莊韓之學，同本於老子，而同得於《老子》第三十八章者爲尤多。

上德不德，是以有德。下德不失德，是以無德。上德無爲而無以爲，下德爲之而有以爲，上仁爲之而無以爲，上義爲之而有以爲，上禮爲之而莫之應，則攘臂而扔之。故失道而後德，失德而後仁，失仁而後義，失義而後禮，夫禮者忠信之薄，而亂之首；前識者道之華，而愚之始。是以大丈夫處其厚不居其薄,處其實不居其華,故去彼取此。

此章"上德無爲而無以爲"句,據《韓非子》當作"上德無爲而無不爲"。以第四十八章"無爲而無不爲"句證之,韓非作"無不爲"者是也。蓋莊子有得於老子之"上德無爲",而韓非則有得於老子之"上德無不爲"者也。又老子謂"上德不德,是以有德"。莊子者,蓋以"不德"爲使人不知德,而韓非者則以"不德"爲無德。上德不德,反而言之,則有德爲不德矣。老子又云:"有之以爲利,無之以爲用。"莊子蓋有見於老子無之用,韓非則有見於老子有之利者也。《莊子·馬蹄篇》云:

馬,蹄可以踐霜雪,毛可以禦風寒,齕(hé,咬)草飲水,翹足而陸(通"踛",跳躍),此馬之真性也。雖有義臺(古行禮儀之臺)路寢(古天子、諸侯之正廳),無所用之。及至伯樂曰:我善治馬,燒之剔之,刻之雒(印烙)之,連之以羈馽(jīzhí,馬絡頭與絆馬索),編之以皁(zào,馬槽)棧(馬棚),馬之死者十二三矣。馳之驟之,整之齊之,前有橛飾之患,而後有鞭筴之威,而馬之死者已過半矣。陶者曰:我善治埴,圓者中規,方者中矩。匠人曰:我善治木,曲者中鉤,直者應繩。夫埴木之性,豈欲中規矩鉤繩哉?然且世世稱之曰:伯樂善治馬,而陶匠善治埴木,此亦治天下者過也。①

莊子之崇尚自然如此。韓非則不然,《顯學篇》云:

夫必恃自直之箭,百世無矢;恃自圜之木,千世無輪矣。

---

① 此段標點依陳柱本,與通行本相異較多,可參讀。

自直之箭、自圜之木，百世無有一，然而世皆乘車射禽者，何也？隱栝之道用也。雖有不恃隱栝而有自直之箭、自圜之木，良工弗貴也。何則？乘者非一人，射者非一發也。

韓非之崇尚人力如此。蓋莊子以無用爲主，故一任其自然，而曲直方圓無所容心，此所以無爲也。韓非則以有用爲主，故不能不以一切皆納之於規矩繩墨之中，此所以無不爲也。無爲也，故對於政治純取放任主義。《徐无鬼篇》云：

黃帝將見大隗（tàiwěi，亦作泰隗，古時至人）乎具茨之山，方明爲御，昌寓驂（cān，駕三馬之車）乘，張若、謵朋（xí）前馬，昆閽、滑稽後車，至於襄城之野，七聖皆迷，无所問塗。適遇牧馬童子，問塗焉。曰："若知具茨之山乎？"曰："然。""若知大隗之所在乎？"曰："然。"黃帝曰："異哉！小童！非徒知具茨之山，又知大隗之所在。請問爲天下。"小童曰："夫爲天下者，亦若此而已矣，又奚事焉。予少而自游於六合之内，予適有瞀（mào，眼花）病，有長者教予曰：'若乘日之車而游於襄城之野。'今予病少痊，予又且復游於六合之外。夫爲天下亦若此而已，予又奚事焉。"黃帝曰："夫爲天下者，則誠非吾子之事，雖然，請問爲天下。"①小童曰："夫爲天下者，亦奚以異乎牧馬者哉？亦去其害馬者而已矣。"黃帝再拜稽首，稱天師而退。

此以牧馬之放任，喻爲天下之放任也。韓非則不然。《六反篇》云：

---

① 此處脱"小童辭。黃帝又問。"

母之愛子也倍父，父令之行於子者十母；吏於民無愛，令行於民也萬父母。父母積愛而令窮，吏用威嚴而民聽從，嚴愛之筴①亦可決矣。

此持干涉主義之説也。此兩家對於政治極端相反之説也。其對於仁義禮智，則皆本於老子之説，而大肆譏彈。然莊子之譏也，以其開姦詐之先，爲爭奪之本。《胠篋篇》云：

將爲胠篋探囊發匱之盜，而爲守備，則必攝（綁緊）緘縢（téng，繩索），固扃鐍（jué，鎖），此世俗之所謂知也。然而巨盜至，則負匱揭篋擔囊而趨，唯恐緘縢扃鐍之不固也。然則鄉之所謂知者，不乃爲大盜積者也？

故嘗試論之，世俗之所謂知者，有不爲大盜積者乎？所謂聖者，有不爲大盜守者乎？何以知其然邪？昔者齊國鄰邑相望，雞狗之音相聞，罔罟之所布，耒耨之所刺，方二千餘里。闔四境之內，所以立宗廟社稷，治邑屋州閭鄉曲者，曷嘗不法聖人哉？然而田成子一旦殺齊君而盜其國，所盜者豈獨其國邪？並與其聖知之法而盜之。故田成子有乎盜賊之名，而身處堯舜之安；小國不敢非，大國不敢誅，十二世有齊國。則是不乃竊齊國，並與其聖知之法以守其盜賊之身乎？

……故跖之徒，問於跖曰："盜亦有道乎？"跖曰："何適而無道邪？夫妄意室中之藏，聖也；入先，勇也；出後，義也；知可否，知也；分均，仁也。五者不備，而能成大盜者，天下未之有也。"由是觀之，善人不得聖人之道不立，跖不得聖人

---

① 筴：通行本作"筴"。

之道不行。天下之善人少而不善人多,則聖人之利天下也少而害天下也多。

此文雖非莊子所作,當亦其徒所爲,甚足以代表莊子反對仁義禮智之旨矣。而韓非《五蠹篇》則云:

且民者固服於勢,寡能懷於義。仲尼,天下聖人也,修行明道以游海内,海内説其仁,美其義,而爲服役者七十人。蓋貴仁者寡,能義者難也。故以天下之大,而爲服役者七十人,而仁義者一人。魯哀公下主也,南面君國,境内之民莫敢不臣。民者固服於勢,勢誠易服人。故仲尼反爲臣,而哀公顧爲君;仲尼非懷其義,服其勢也。故以義則仲尼不服於哀公,乘勢則哀公臣仲尼。今學者之説人主也,不乘必勝之勢,而務行仁義則可以王;是求人主之必及仲尼,而以世之凡民皆如列徒,此必不得之數也。

此韓非掊擊仁義之説也。蓋莊子之視仁義以其開功利爭奪之端,故務欲去之;而韓非則以其爲防阻功利之物,故務欲廢之也。老子曰:"夫唯不爭,故天下莫能與之爭。"莊子蓋得其"夫唯不爭"一句,故務去爭之本;韓非蓋得其"天下莫能與之爭"一句,故務去爭之障礙也。老子以失道德而後有仁義禮,莊子承之,故欲去仁義禮而爲其上德之德,以求復其初;韓非則不然,以謂道德既失,仁義禮亦不足治之,故非嚴刑峻法不足以善其後。其所以行嚴刑峻法而無疑者,蓋亦本老子之上德不德者也。《顯學篇》云:

民智之不可用,猶嬰兒之心也。夫嬰兒不剔首則腹痛,不撊(通副,割開)痤則寖益。剔首撊痤,必一人抱之,慈母治之,然猶啼號不止,嬰兒子不知犯其所小苦致其所大利也。
今上急耕田墾草以厚民產也,而以上爲酷;修刑重罰以爲禁
邪也,而以上爲嚴;徵賦錢粟以實倉庫,且以救饑饉、備軍旅
也,而以上爲貪;境内必知介,而無私解,並力疾鬭所以禽虜
也,而以上爲暴。此四者所以治安也,而民不知悦也。

此韓非以不德爲德之説,尤顯而易知者矣。老子之書雖盛
稱古昔,然其第五章云:"聖人不仁,以百姓爲芻狗。"《莊子·天
運篇》釋芻狗之義云:

孔子西游,顏淵謂師金曰:"以夫子之行爲奚如?"師金
曰:"惜乎!而夫子其窮哉!"顏淵曰:"何也?"師金曰:"夫芻
狗之未陳也,盛以篋衍(盛物之器),巾以文繡,尸祝齊戒以將
之。及其已陳也,行者踐其首脊,蘇者取而爨之而已;將復
取而盛以篋衍,巾以文繡,游居寢臥其下,彼不得夢,必且數
眯焉。今而夫子亦取先王已陳芻狗,聚弟子游居寢臥其下。
故伐木於宋,削跡於衛,窮於商周,是非其夢邪?圍於陳蔡
之間,七日不火食,死生相與隣,是非其眯邪?夫水行莫如
用舟,而陸行莫如用車。以舟之可行於水也,而求推之於
陸,則没世不行尋常。古今非水陸與?周魯非舟車與?今
蘄行周於魯,是猶推舟於陸也。勞而無功,身必有殃。彼未
知夫无方之傳,應物而不窮者也。子獨不見夫桔槔者乎?
引之則俯,舍之則仰。彼,人之所引,非引人也,故俯仰而不
得罪於人。故夫三皇五帝之禮義法度,不矜於同而矜於治。
故譬三皇五帝之禮義法度,其猶柤(同"楂")梨橘柚邪?其味
相反,而皆可於口。故禮義法度者,應時而變者也。今取猨
狙而衣以周公之服,彼必齕齧挽裂,盡去而後慊。觀古今之

異,猶獿狙之異乎周公也。故西施病心而矉(通"顰")其里,其里之醜人見而美之,歸亦捧心而矉其里。其里之富人見之,堅閉門而不出,貧人見之,挈妻子而去之走。彼知矉美而不矉之所以美。惜乎而夫子其窮哉!"

然則芻狗之爲物,蓋已陳則廢。老子之言,所以喻禮義法度之爲物,亦當已陳則廢也。然仁義法度從何而出?曰:出於先王。故莊韓兩家,承其説,遂詆訶先王,排斥禮義。雖然,亦各有別焉。莊子之詆先王,詆先王之以禮樂啓民詐僞,而欲爲上古之無爲。《繕性篇》云:

古之人在混芒之中,與一世而得澹漠焉。當是時也,陰陽和靜,鬼神不擾,四時得節,萬物不傷,群生不夭。人雖有知,无所用之。此之謂至一。當是時也,莫之爲而常自然。逮德下衰,及燧人、伏羲,始爲天下,是故順而不一。德又下衰,及神農、黃帝,始爲天下,是安而不順。德又下衰,及唐、虞始爲天下,興治化之流,㴒(同"澆")湻①散朴,離道以善,險德以行,然後去性而從於心。心與心識知而不足以定天下,然後附之以文,益之以博。文滅質,博溺心,然後民始惑亂,无以反其性。

是莊子蓋以開化爲進於詐僞,故非先王之不古而欲反之大古者也。韓非則不然,《五蠹篇》云:

上古之世,人民少而禽獸衆,人民不勝禽獸蟲蛇,有聖

---

① 湻:通行本作"淳"。

人作，構木爲巢，以避群害，而民悅之，使王天下，號之曰：有巢氏。民食果蓏（luǒ，草本植物之果實）蜯蛤，腥臊惡臭而傷害腹胃，民多疾病，有聖人作，鑽燧取火，以化腥臊，而民悅之，使王天下，號之曰：燧人氏。中古之世，天下大水，而鯀、禹決瀆。近古之世，桀、紂暴亂，而湯、武征伐。今有構木鑽燧於夏后氏之世者，必爲鯀、禹笑矣。有決瀆於殷周之世者，必爲湯、武笑矣。然則美堯、舜、湯、武、禹之道於當今之世者，必爲新聖笑矣。

此韓非之非先王，蓋以時代日進，古道不適於今者也。然則莊子之非古，而欲再反於古，是退化之說也；韓非之非古，乃務欲以適於今，是進化之說也。韓非蓋以過去之法皆爲已陳之芻狗，而不知今日之進化，亦由過去之閱歷使然也；莊子則獨知黃帝堯舜爲已陳之芻狗，而不知太古之渾沌，亦已陳之芻狗也。此莊韓極端之異也。雖然，亦有其同者焉。《莊子·秋水篇》云：

　　昔者堯舜讓而帝，之噲讓而奪①；湯武爭而王，白公爭而滅。由此觀之，爭讓之禮，堯桀之行，貴賤有時，未可以常也。

《韓非子·五蠹篇》云：

　　古者文王處豐、鎬之間，地方百里，行仁義而懷西戎，遂王天下；徐偃王②處漢東，地方五百里，行仁義，割地而朝者

---

① 奪：通行本作"滅"。
② 徐偃王（前992年—前926年）：西周時徐國君，嬴姓徐氏，名誕，字子孺，徐國第32代君，統轄今淮泗一帶，建都下邳，行仁義爲周穆王所忌，遣楚滅之。《尸子》謂"徐偃王有筋無骨"。

三十有六國，荆文王恐其害己也，舉兵伐徐，遂滅之。故文王行仁義而王天下，偃王行仁義而喪其國。是仁義用於古，不用於今也。故曰：世異則事異。

此其以時勢不同，故先王之道不能行於今，其見解一也。然韓非於此，視之甚眞，持之甚堅，故於上文繼之云：

上古競於道德，中世逐於智謀，當今爭於氣力。

此韓非學說，以適應潮流爲主義者也。莊子則不然，嘗於《山木篇》述其理想國曰：

市南宜僚見魯侯，魯侯有憂色。市南子曰："君有憂色，何也？"魯侯曰："吾學先王之道，脩先君之業。吾敬鬼尊賢，親而行之，无須臾離居。然不免於患。吾是以憂。"市南子曰："君之除患之術淺矣。夫豐狐文豹，棲於山林，伏於巖穴，靜也；夜行晝居，戒也；雖飢渴隱約，猶旦胥疏於江湖之上而求食焉，定也。然且不免於网羅機辟之患，是何罪之有哉？其皮爲之災也。今魯國獨非君之皮邪？吾願君剝形去皮，洒心去欲，而游於无人之野。南越有邑焉，名爲建德之國，其民愚而朴，少私而寡欲，知作而不知藏，與而不求其報；不知義之所適，不知禮之所將。猖狂妄行，乃蹈乎大方。其生可樂，其死可葬。吾願君去國捐俗，相輔而行①。"君曰："彼其道遠而險，又有江山，我无舟車，奈何？"市南子曰："君无形倨，無留居，以爲君車。"君曰："彼其道幽遠而无人，吾誰與爲

---

① 相輔而行：通行本作"與道相輔而行"。

鄰？吾无糧，我无食，安得而至焉？"市南子曰："少君之費，寡君之欲，雖无糧而乃足。君其涉於江而浮於海，望之而不見厓，愈往而不知其窮。送君者皆自厓而返，君自此遠矣。"

此所謂建德之國，乃莊子之理想國，蓋形容太古渾芒之狀者也。然則莊子之學說，乃以逆當時之潮流爲主義者矣。蓋莊子以爲仁義已不適於今，若再逐流而往，其禍將不知伊於胡底。故《庚桑楚篇》引庚桑子云：

吾語女：大亂之本，必生於堯舜之間，其末存乎千世之後。千世之後，其必有人與人相食者也。

莊子蓋知夫道德之失，必繼之以智謀，智謀之後，必繼之以氣力，其敝有不可勝窮者。故曰："千世之後，必有人與人相食者也。"

由此觀之，則莊韓之本同末異，可以明矣。質而論之，老子之言多兩端，而莊韓各執其一。如老子云：

	莊子		韓非子	
道常	無爲	而	無不爲	三十七章
上德	無爲	而	無不爲	三十八章
以其終	不自大	故能	成其大	三十四章
夫唯	弗居	是以	不去	二章
夫唯	不爭	故	天下莫能與爭	二十二章

又云：

韓非子		莊子	
有之以爲利		無之以爲用	十一章

明道	若	昧
進道	若	退
夷道	若	纇
大白	若	辱
大成	若	缺
大盈	若	沖
大直	若	屈
大巧	若	拙
大辯	若	訥

此莊韓兩家對於老說各執一端之大略也。是故同是掊擊仁義也，莊子則唯欲達其無為，韓非則唯欲達其無不為；同是絕聖棄智也，韓非則唯欲求其大巧大辯，莊子則唯欲求拙與訥。此求之莊韓兩家之書，皆顯而易見者矣。

兩家老學之異，既如此。而其《老子》傳本亦各有不同。《老子》第三十八章云：

　　故失道而後德，失德而後仁，失仁而後義，失義而後禮，夫禮者忠信之薄，而亂之首。前識者道之華，而愚之始。王弼本。

據韓非《解老篇》則為：

　　故失道而後失德，失德而後失仁，失仁而後失義，失義而後失禮。夫禮者忠信之薄也，而亂之首乎？前識者，道之華也，而愚之首乎？原作"也"，據上句改"乎"。

清儒盧文弨校《韓非子》云：

> 凡"而後"下俱不當有"失"字。

此據今本《老子》以改《韓非子》者也。劉師培校《老子》云：

> 據《韓非》則今本脱四"失"字。《老子》之旨，蓋言道失而德從而失，德失而仁從而失，仁失而義從而失，義失而禮從而失也。（語出《老子斠補》）

此又欲據《韓非》以增《老子》原文者也。吾以謂《韓非》所引此數句，均有"失"字，不應誤增如此。而《莊子·知北游》則云：

> 故曰："失道而後德，失德而後仁，失仁而後義，失義而後禮。禮者，道之華而亂之首也。"

莊子所謂"失道"數句，與今本《老子》同而與韓異。則可知莊韓所傳《老子》本，其文字亦不無歧異。考據家據此改彼，均未爲是也。

新定老子章句

《老子》五千餘言,均爲短章雜記體。今本分上下兩篇,共八十一章,必非原書之舊。近世學者多已言之,且多已訂定,然鄙見不能盡同也。兹復詳爲審訂,並略録校語如左。

道可道,非常道;名可名,非常名。無,名天地之始;有,名萬物之母。王弼以"有名""無名"連讀。司馬光、王安石於"無"字斷句。羅振玉①云:"'無',景龍本、敦煌本,皆作'无',下並同。"②故常無,欲以觀其妙;畢沅云:"古無'妙'字。《易》:妙慮萬物而爲言。"③王肅本作"眇"。馬敍倫云:"'妙'當作'杪'。"《説文》:"杪,木標末也。"後同。④ 常有,欲以觀其徼。王弼以"有欲""無欲"連讀。司馬光、王安石以"有"字、"無"字斷句。馬敍倫云:"'徼'當作'竅'。"後同。《説文》:"竅,空也。"竅、杪對言。

---

① 羅振玉(1866—1940):字式如、叔藴、叔言,號雪堂,江蘇淮安人。中國近代教育家、考古學家、金石學家、敦煌學家、目録學家、校勘學家、古文字學家。參與保存内閣大庫明清檔案、從事甲骨文字的研究與傳播、整理敦煌文卷等工作。主要著作收入《羅雪堂先生全集》。
② 下引羅氏注《老子》者,皆出自《道德經考異》,下文同。
③ 出自畢沅《老子道德經考異》,下同。
④ 出自《老子校詁》,下同。

此兩者同，出而異名。畢沅云："陳景元以'此兩者同'爲句。"①嚴復云："'同'字逗。"同謂之玄。玄之又玄，衆妙之門。

以上王弼本標題云：一章。河上公本以爲《體道章》。

天下皆知美之爲美，斯惡已；皆知善之爲善，斯不善已。故有無相生，難易相成，長短相形，畢沅云："王弼作'較'，陸德明②亦作'較'，並非。古無'較'字。本文以'形'與'傾'爲韻，不應用'較'，又明矣。"③羅振玉云："各本皆作'形'，《釋文》依王本作'較'。'高下相傾，音聲相和，前後相隨。是以聖人處無爲之事，行不言之教。馬敘倫云："自'是以聖人'以下，與前文義不相應。此二句當在四十三章'不言之教，無爲之益，天下稀及之矣'下。"柱按：馬校非也。《莊子・齊物論》即闡發此章之旨。先言是非成毀，而後言大道不稱，大辯不言，則此"處無爲之事，行不言之教"，非與前文不接明甚。此下各本有"萬物作焉，生而不有，爲而不恃，功成而弗居。夫唯弗居，是以弗去"二十八字。馬敘倫云此文"生而不有"以下皆五十一章之文，蓋因錯簡而校者有增無删，遂複出也。柱謂：馬説非也。如馬説，則"萬物作焉而不辭"句爲無着。《老子》五千文，本雜記體，非無複句之可能也。愚謂此數句當是第五章之錯簡。今移下。此與拙著《老子集訓》所校不同，讀者宜參焉。

王弼本自"天下皆知"至"是以弗去"，標題二章。河上公本以此爲《養身章》。

不尚賢，羅振玉云："景龍本'尚'作'上'，敦煌本作'不上寶'。"使民不爭；不貴難得之貨，使民不爲盜；羅振玉云："景龍、御注、敦煌三本均無'爲'字。"不見可欲，使民心不亂。紀昀云："各本俱無'民'，惟《永樂大典》本有之。"④劉師培云："《文選・東京賦》注、《易・艮

---

① 原注出自陳景元《道德真經藏室纂微篇》。
② 陸德明（約550—630）：名元朗，以字行，唐代蘇州人。精通訓詁之學，有《周易注》《周易兼義》《老子音義》等，撰有《經典釋文》三十卷。
③ 轉引自畢沅《老子道德經考異》。
④ 出自《老子道德經校訂》，下同。

卦》釋文引並無'民'字。蓋唐初避諱，删此字也。古本實有'民'字，與上二句一律。"①柱按：劉氏謂古本實有民字，與上二句一律，是也。然唐人所見本無"民"字，非關避諱，上二句兩"民"字亦不避也。是以聖人之治，虚其心，實其腹，弱其志，强其骨，常使民無知無欲；使夫知者不敢爲也，爲無爲則無不治。

以上王弼本題云：三章。河上公本以此爲《安民章》。

道，盅而用之，各本作"沖"，今從《説文》作"盅"。或不盈，淵兮似萬物之宗，各本此下有"挫其鋭，解其紛，和其光，同其塵"四句。馬敍倫云："此四句，乃五十六章錯簡。"柱按：馬説是也。"淵兮似萬物之宗"與"湛兮似或存"相接，若間以"挫其鋭"四句，文義頗爲牽强。湛兮似或存，羅振玉云："景龍、御注二本均作'湛常存'，敦煌本作'湛似常存'。"吾不知誰之子，象帝之先。

以上王弼本題云：四章。河上公本以此爲《無原章》。

天地不仁，以萬物爲芻狗；聖人不仁，以百姓爲芻狗。萬物作焉而不辭，生而不有，爲而不恃，功成而弗居。夫唯弗居，是以弗去。"萬物作焉"以下，各本在第二章"行不言之教"下。此章言天地無仁恩於物而自生物，聖人治民，亦當法之也。

天地之間，易順鼎云："《文選・文賦》注引'間'作'門'，蓋别本。與'衆妙之門''玄牝之門'同義。"②其猶橐籥乎？虚而不詘，動而俞出。"詘"各本作"屈"、作"掘"。"俞"作"愈"。今從畢沅校唐傅奕本。畢沅云："'詘'河上公作'屈'，王弼作'掘'，王弼非。'俞'諸本並作'愈'。"案：古無"愈"字。羅振玉云："景龍本'愈'字作'俞'。"

多言數窮，不如守中。傅奕本作"言多數窮"。焦竑云："龍興碑作'多聞數窮'。"③畢沅云："諸本並作'多言數窮'。"馬敍倫云："《文子・道原篇》引作'多聞'，'數'借爲'速'。"

王弼本自"天地不仁"至此題云：五章。河上公本以此爲《虚

---

① 出自《老子校補》，下同。
② 出自《讀老子札記》，下同。
③ 出自《老子翼》，下同。

用章》。

谷神不死，畢沅云："'谷'，後漢陳相邊韶《老子碑銘》引作'浴'。"俞樾云："'浴者'，'谷'之異字；'谷'者，'穀'之叚字。"①洪頤煊②云："'谷''浴'並'欲'之借字。"**是謂玄牝。玄牝之門，是謂天地根**，羅振玉云："景龍、御注二本均作'玄牝門，天地根'。"**緜緜若存，用之不勤**。

以上王弼本題云：六章。河上公本以此爲《成象章》。

天長地久。天地所以能長且久者，以其不自生，故能長生。焦竑云："龍興碑作'故能長久'。"羅振玉云："'生'景龍本作'久'。"柱按：作"久"者非是。**是以聖人後其身而身先，外其身而身存，非以其無私邪？**"邪"各本作"耶"，俗。今正。**故能成其私**。馬敍倫云："自'是以聖人'以下，文義不屬，疑係錯簡。或上文'以其不自生'之'生'字，當爲'私'字。"柱按：馬説非也。此以天地不自生，故能長其生，明聖人不自私，故能成其私。

以上王弼本題云：七章。河上公本以此爲《韜光章》。

上善若水。水善利萬物而不爭。夫唯不爭故無尤。各本此句居章末，在"動善時"之下。今按上文"功成而弗居。夫唯弗居，是以弗去"，則此文當同一例，故移至此。**居衆人之所惡，故幾於道**。

居善地，馬敍倫云："此上蓋脱一句，此文兩句一韻，地、人、治、時皆韻也。"**心善淵**，**與善人**，**言善信**，**正善治**，羅振玉云："景龍、御注、景福三本，'正'並作'政'。"**事善能，動善時**。各本此數句在"故幾於道"之上。今按此與上下文義不涉，當別爲一章。

王弼本自"上善"至此，題云：八章。河上公本以此爲《易性章》。

持而盈之，不如其已；羅振玉云："景龍本作'不若其以'。"柱按：

---

① 出自《老子平義》，下同。
② 洪頤煊（1765—1837）：字旌賢，號筠軒，晚號倦舫老人，浙江臨海人。嘉慶六年（1801）拔貢生，官至廣東新興知縣。初爲ündès星衍門生，爲撰寫《孫氏書目》《平津館讀碑記》。後爲阮元幕僚，著有《筠軒詩文鈔》《倦舫書目》《讀書叢録》《諸史考異》等。

"已""以"古皆作"巳"。揣而梲之,"揣"傅奕本作"敱"。畢沅云:"諸本並作'揣'。《説文解字》無'敱'字,有'敤'字,云:有所治也。疑'敱'字即'敤'字之譌。'梲'河上公本作'鋭'。"羅振玉云:"河上、景龍、御注、景福諸本,皆作'鋭'。"不可長保;金玉滿堂,莫之能守;富貴而驕,自遺其咎;日本《群書治要》本作"還自遺咎"。功成,名遂,身退,天之道。焦竑云:"龍興碑作'名成,功遂,身退'。"畢沅云:"王弼作'功遂身退天之道'。諸本並作'功成名遂身退天之道'。"羅振玉云:"景龍、御注、景福三本,均作'功成名遂身退'。"

以上王弼本題云:九章。河上公本以此爲《運移章》。

載營魄裹一能無離!"裹"各本作"抱",茲從傅奕本。"離"下各本均有"乎"字,茲從宋河上本。畢沅云:"裹,褒也。抱同捊,取也。義應用'裹'字。"羅振玉云:"景龍、御注、敦煌乙丙、英倫諸本,均無'乎'字。"以後各"乎"字同。專氣致柔能嬰兒?傅奕本"能"下有"如"字。今從王弼本。羅振玉云:"景福本'能'下有'如'字。"滌除玄覽能無疵?愛民治國能無知?羅振玉云:"河上本'治'作'活'。敦煌丙本'能'作'而'。"天門開闔能爲雌?河上公本、王弼本均作"無雌"。傅奕本作"爲雌"。羅振玉云:"敦煌丙本'門'作'地'。敦煌乙丙二本'能無'作'而爲'。景龍、御注、英倫三本均'能爲'。"明白四達能無爲?傅奕本"無"下有"以"字。畢沅云:"'無以爲',河上公作'能無知'。"羅振玉云:"景龍、御注、景福、英倫諸本'爲'均作'知',敦煌丙本亦作'爲'。"柱按:此下各本有"生之畜之,生而不有,爲而不恃,長而不宰,是謂玄德"二十字。薛惠云:"一本無'生之畜之'一句。"馬敍倫云:"自'生之畜之'以下,與上文義不相應。此文爲五十一章錯簡。"柱按:馬説是也。

自"載營"至"是謂玄德"王弼本題云:十章。河上公本以此爲《能爲章》。

三十輻共一轂,羅振玉云:"敦煌乙丙本、景龍廣明本'三十'均作'卅'。"**當其無有,車之用;**畢沅云:"諸本皆以'當其無'斷句。案:《考工記》:'利轉者以無有爲用也。'是應以'有'字斷句。**挺埴以爲器,當其無有，器之用；"挺"王弼本如此。傅奕本作"埏"。羅振玉云："御注本作'挺'，景龍本、敦煌丙本作'埏'。"馬敍倫云："《説文》無'埏'字。"當依王本作"挺"而借爲"搏"。鑿户牖以爲室，當其無有，室之用。故有之以爲利；無之以爲用。

以上王弼本題云：十一章。河上公本以此爲《無用章》。

五色令人目盲；五音令人耳聾；五味令人口爽；馳騁田獵，王弼本"田"作"畋"。傅奕本作"田"。羅振玉云："景龍、景福、敦煌乙丙、御注諸本，均作'田'。"馬敍倫云："古無田獵專字。"令人心發狂；難得之貨，令人行妨。是以聖人爲腹不爲目，故去彼取此。

以上王弼本題云：十二章。河上公本以此爲《檢欲章》。

寵辱若驚，貴大患若身。何謂寵辱若驚？寵爲上，辱爲下；王弼本作"何謂寵辱若驚，寵爲下"。傅奕本、宋刊河上公本作"何謂寵辱寵爲下"。俞樾云："陳景元本、李道純本均作'何謂寵辱若驚，寵爲上，辱爲下'，可據以訂正諸本之誤。"羅振玉云："河上、景龍、御注、景福、敦煌丙諸本，均無'若驚'二字，'寵爲下'景龍本'寵'作'辱'。景福本作'寵爲上，辱爲下'。"柱按：俞説是也，今從之。得之若驚，失之若驚，是謂寵辱若驚。何謂貴大患若身？吾所以有大患者，爲吾有身，及吾無身，"及"傅奕本作"苟"。吾又何患？故貴以身爲天下，羅振玉云："景龍及敦煌丙本'爲'均作'於'。"若可寄天下；愛以身爲天下，羅振玉云："廣明、景福二本，'愛以身'作'愛身以'。"若可託天下。柱按：《莊子·在宥篇》此二句作："故貴以身於爲天下，則可以託天下；愛以身於爲天下，則可以寄天下。"

以上王弼本題云：十三章。河上公本以此爲《厭恥章》。

視之不見名曰夷，聽之不聞名曰希，搏之不得"搏"各本作"搏"。易順鼎云："'搏'乃'搏'之誤。宋陳搏，字希夷，即取此義。"易説是也，今從之。名曰微。此三者不可致詰，故混而爲一。其上不皦，傅奕本"其"上有"一者"二字。"上"下有"之"字。敦煌本"皦"作"皎"。其下不昧，傅奕本"下"下有"之"字。繩繩兮，不可名。王弼本無"兮"字，兹從傅奕本。羅振玉云："景福本'繩'下有'兮'字。"復歸於無物。是謂無狀之狀，無象之象，是謂芴芒。焦竑云："龍興碑無此句。"畢沅云："河上公作'忽恍'，王弼作'惚悦'，河上'忽'是，弼'悦'是，其'恍''惚'則并非也。弈借'芒刺菲芴'之字爲之，與《莊子》'雜乎芒芴之間'字同。"羅振玉云："景龍、御注、景福三本作'忽恍'。"迎之不見其首，隨之不見其後。

執古之道，以御今之有。羅振玉云："'御'景龍本作'語'。"能知古始，是謂道紀。羅振玉云："'紀'景龍本作'己'。"

以上王弼本題云：十四章。河上公本以此爲《贊元章》。柱按："隨之不見其後"，以上形容道體。"執古之道"以下言執古御今，義不相蒙，應各爲一章。

古之善爲天下者，傅奕本作"爲道"。畢沅云："'道'河上公、王弼作'士'。"俞樾云："河上公注曰：謂得道之君也。則'善爲士者'，當作'善爲上者'。"易順鼎云："《文子·上仁篇》引作'古之善爲天下者'，疑'士'字爲'天下'二字之誤。"馬敍倫云："《後漢書·黨錮傳》注引作'道'。讞（yàn，驗問，證驗）文，'道'字爲是。"柱按：當從《文子》作"天下"爲是。《文子·上仁篇》所釋，皆爲天下之道也。微妙玄通，深不可識。夫唯不可識，故強爲之容。易順鼎云："《文選·魏都賦》引'容'爲'頌'，是也。'頌'爲容貌本字。"馬敍倫本據改作"頌"。柱按："頌"之籀文爲額，則"容"亦古假借字，不必改。傅奕本"容"下有"曰"字，非。豫兮若冬涉川，猶兮若畏四鄰，儼兮其若客，王弼本"客"作"容"。羅振玉云："景福本作'客'。景龍、英倫、御注諸本均作'儼若客'。"柱按：傅奕本亦作"儼若客"，作"客"者是也。客、釋爲韻。"容"者因上文"強爲之容"而誤耳。渙兮若冰之將釋，馬敍倫云："'冰'當作仌。"敦兮其若樸，馬敍倫云："敦借爲涊。古書'混沌'或'困敦'或作'混敦'。"曠兮其若谷，馬敍倫云："《文子·上仁篇》'曠'作'廣'，此句在'混兮'句下。"混兮其若濁。孰能晦，以理之徐明；孰能濁，以靜之徐清；孰能安，以動之徐生。各本無"孰能晦，以理之徐明"句。王弼本作"孰能濁以靜之而徐清，孰能安以久動之徐生"。傅奕本作"孰能濁以澂靖之而徐清，孰能安以久動之而徐生"。河上公作

"孰能濁以止靜之徐清,孰能安以久動之徐生"。羅振玉云:"廣明本作'孰能濁以靜動之以徐清,孰能安以久動之以□□'。"馬敘倫云:"參校各本及王注,此句上蓋脱'孰能晦以理□之而徐明'一句。'孰能濁以澂靖之而徐清',當作'孰能靖以止澂之而徐清'。'濁'字因上文而譌衍,'澂''靖'二字又譌倒,又脱'止'字耳。"柱按:王注云:"夫晦以理物則得明,濁以靜物則得清,安以動物則得生。"其注文之"靜、動"字,即本文之"靜"字、"動"字。故按"孰能濁以靜之徐清"句法,則王本當作"孰能晦以理之徐明"也。"安以久"句,景龍本無"久"字,王注亦不釋"久"字。蓋三句文法本同也。保此道者不欲盈。夫唯不盈,故能敝而復成。傅奕本作"是以能敝而不成"。畢沅云:"河上、王弼作'故能蔽不新成'。《淮南子》作'故能弊而不新成'。"羅振玉云:"景龍本作'能弊復成'。"柱按:今參校文義,定作"故能敝而復成"。

以上王弼本題云:十五章。河上公本以此爲《顯德章》。

　　至虛極,"至"各本作"致"。羅振玉云:"景福本作'至'。"馬敘倫云:"宋河上本作'至'。"守靜篤,傅奕本"靜"作"靖"。下同。畢沅云:"依義'篤'當作'竺'。"萬物並作,吾以觀其復。王弼本無"其"字。此從傅奕本。畢沅云:"河上公作'吾以是觀其復'。《淮南子》作'吾以觀其復也'。"羅振玉云:"景龍、御注、景福、英倫諸本'觀'下均有'其'字。"夫物云云,各復其根。傅奕本"夫"作"凡","云"作"贠","復"作"歸"。畢沅云:"河上公作'夫物芸芸,各復歸其根'。王弼'夫'亦作'凡',餘與河上同。《莊子》作'萬物云云,各歸其根'。《説文解字》有'物數紛贠'之言,是弈用正字。"柱按:《莊子》作"云",古本字也。歸根曰靜,靜曰復命,"靜"王弼本作"是謂"。羅振玉云:"景龍、御注、英倫三本並作'靜曰'。"復命曰常;知常曰明,不知常妄作凶;嚴可均①云:"河上'妄',誤作'菱'。"②羅振玉云:

---

① 嚴可均(1762—1843):字景文,號鐵橋,清代烏程(在今浙江湖州)人。嘉慶舉人,官建德教諭,引疾歸。精於文獻考據,著有《説文聲類》《説文校義》等,輯《全上古三代秦漢三國六朝文》。
② 語出《老子唐本考異》,收入《鐵橋金石跋》,下同。

"景龍本作'忘'。"柱按：河上注云"妄作巧詐"，則河上本亦作"妄"。知常容，容乃公，公乃周，周乃大，"周"各本作"王"，"大"各本作"天"。焦竑云："龍興碑作'公能生，生能天'。"馬敍倫云："弼注曰：'蕩然公平，則乃至於無所不周普也。無所不周普，則乃至於同乎天也。'蓋王本'王'字作'周'，'周'字脱壞成'王'；故龍興碑改'王'爲'生'耳。又疑'天'乃'大'字之譌，下文'吾强爲名之曰大，字之曰道''天下皆謂吾大'皆可證。"大乃道，道乃久，羅振玉云："五'乃'字景龍本皆作'能'。"歿身不殆。"歿"王弼本作"没"，傅奕本作"歿"。羅振玉云："御注本作'歿'。"

以上王弼本題曰：十六章。河上公本以此爲《歸根章》。

大上，下不知有之；"大"各本作"太"，"知"上各本無"不"字。彭耜①云："王弼'太'作'大'。"畢沅云："'下知'吴澄作'不知'。"胡適云："日本本'知'上有'不'字。"柱按：《韓非子·難三》云："民知誅罰之皆起於身也，故習功利於業而不受賜於君。太上，下智有之。此言太上之下民無説也。""大""太"古字通，"知""智"古同一字。韓非引"智"上雖無"不"字，然上云"不受賜於君"，下云"無説"皆釋"不"字之義，疑《韓非子》"知"上脱"不"耳。審文以有"不"字爲長。其次親之，傅奕本如此，王弼本"之"作"而"。羅振玉云："景龍、御注、景福、英倫諸本均作'之'。"譽之；傅奕本"譽"上有"其次"二字。畢沅云："河上公、王弼並作'其次親而譽之'。陸希聲作'其次親之譽之'。"其次畏之，侮之。各本"侮"上有"其次"二字。羅振玉云："景龍、御注二本均爲此二字。"

信不足，有不信。傅奕本作"故信不足，焉有不信。"畢沅云："河上公作'有不足焉有不信焉'，王弼作'信不足焉，有不信焉'。"王念孫云："河上本，無下'焉'字，是也。'信不足'爲句，'焉有不信'爲句，'焉'於是也。"羅振玉云："景福本無下'焉'字，景龍、御注、英倫三本並無上'焉'字。"柱按：上下"焉"均當删。

---

① 彭耜：生卒年不詳，字季益，號鶴林，南宋末長樂（今福建長樂）人。采摭諸家注編爲《道德真經集注》十八卷。

由兮其貴言哉？"由"王弼本作"悠"，傅奕本作"猶"。"哉"字各本無，傅奕本有。羅振玉云："景龍本作'由'。"柱按：此下各本有"功成事遂，百姓皆謂我自然"十一字。馬敘倫云："諺義蓋三十七章之文。"

以上王弼本題云：十七章。河上公本以此爲《淳風章》。

大道廢，有仁義；傅奕本"有"上有"焉"字，下一句同。馬敘倫云："易州'廢'作'癈'，'仁'作'人'。"羅振玉云："景龍本'仁'作'人'。"**智慧出，有大僞**；畢沅云："河上公作'智惠'，王弼作'知慧'。"羅振玉云："景龍、廣明、景福三本均作'智惠'。"**六親不和，有孝慈**；羅振玉云："此三句'廢'下、'出'下、'和'下廣明本均有'焉'字。"下"國家昏亂，有忠臣"，"亂"下亦必有"焉"字，石泐（lè，石頭裂開）不可見。**國家昏亂，有忠臣**。傅奕本"忠"作"貞"。

以上王弼本題云：十八章。河上公本以此爲《薄俗章》。

絕學無憂；各本在下章"唯之與呵"句上，今據易順鼎校改。**絕聖棄智，民利百倍；絕仁棄義，民復孝慈；絕巧棄利，盜賊無有**。此二二者"二二者"各本作"三者"。易順鼎云："《文子》引'絕學無憂'在'絕聖棄智'之上，疑古本如此。'絕學無憂'各二字爲句。'學'與'憂'爲韻，'倍''慈''有'爲韻。"胡適云："二十章首句'絕學無憂'當屬十九章之末，與'見素抱樸，少私寡欲'兩句，爲同等的排句。"柱按：胡說非也。"見素抱樸，少私寡欲"爲平列句。"絕學無憂"猶云絕學則無憂，與上二句句法不類。審校文義，以易說爲是。"絕學"與"絕聖""絕仁""絕巧"，文義一例。以爲**文不足，故令有所屬：見素裹樸**，"裹"各本作"抱"，傅奕本如此。**少私寡欲**。

以上王弼本題云：十九章。河上公本以此爲《還淳章》。

唯之與阿，劉師培云："'阿'當作'訶'。《說文》云：'訶，大言而怒也。'"柱按："阿""訶"聲借。**相去幾何？善之於惡，相去何若？**王弼本作"若何"，傅奕本作"何若"。羅振玉云："景龍、御注、廣明、景福諸本均作'何若'。"柱按：作"何若"是也。"阿""何"韻，"惡""若"韻。

人之所畏，不可不畏。馬敘倫云："此二句疑當在七十二章'民不畏威'之上。彼文'民'字當作'人'。"柱按：馬説非也。審校文義，與彼文亦不相接，當是別爲一章。荒兮其未央哉？馬敍倫云："此句與上下文義不聯，疑有脱譌。"柱按：此歎可畏者之大也。

衆人熙熙，若享太牢，"若"各本作"如"。羅振玉云："景龍本作'若'。"下句同。若春登臺；我獨廓兮其未兆？羅振玉云：景龍本作"我魄未兆"。馬敍倫云："'兆'當爲'𣥂'，《説文》曰：'𣥂'，分也。"若嬰兒之未咳，"若"各本作"如"。"咳"各本作"孩"，傅奕本作"咳"。馬敍倫云："'孩''咳'一字。"羅振玉云："景龍本'如'作'若'。"儽儽兮若無所歸？傅奕本作"儽儽兮其不足以無所歸"。畢沅云："河上公作'乘乘兮若無所歸'，王弼作'儽儽若無歸'，陸希聲作'儽儽兮若不足似無所歸'。"衆人皆有餘，而我獨若遺，我愚人之心也哉？沌沌兮！羅運賢①以此三字上屬，是也。俗人昭昭，我獨若昏；"若"王弼本作"昏"，傅奕本作"若"。羅振玉云："景龍、御注、英倫三本均作'若'，景福本作'如'。"俗人察察，我獨若悶，"若悶"王弼本作"悶悶"，傅奕本作"若閔閔"。柱按：以諸本及上句校之，疑當作"若悶"。忽兮其若晦，王弼本作"澹兮其若海"。畢沅云："河上公作'忽兮若海'，嚴遵作'忽兮若晦'。"羅振玉云："廣明、景福二本作'忽兮其若海'。"柱按：審校文義，當爲"忽兮其若晦"。寂兮若無所止。王弼本作"飄兮若無止"，傅奕本作"飄兮似無所止"。羅振玉云："御注、英倫二本作'寂兮似無所止'。"柱案：審文義當爲"寂兮若無所止"。衆人皆有以，而我獨若頑且䩞。王弼本作"我獨頑似鄙"，傅奕本作"我獨頑且䩞"。柱按：王注曰"故曰頑且鄙也"，則王本亦當作"頑且鄙"。其作"似"者，疑"似"字本在"頑"字上，而"似"又當爲"若"字之譌。王本當爲"而我獨似頑且鄙"。其注云"若無所識"，可證也。"䩞"乃䩞䪡之本字。我獨異於人，而貴食母。

---

① 羅運賢(1904—1965)，字孔昭，四川成都人。1927 年畢業於國立成都高等師範學校國文部，後任教於四川大學，1949 年以後任教於樹德中學。著有《老子餘誼》。

以上王弼本題云：二十章。河上公本以此爲《異俗章》。

孔德之容，羅振玉云：“‘德’景龍本作‘得’。”唯道是從。道之爲物，唯芒唯芴。"芒芴"字從傅奕本。下同。芴兮芒，各本句末有"兮"字。羅振玉云：“御注、英倫二本作‘忽兮恍’。”下"芒兮芴"同。中有象；各本句首有"其"字。羅振玉云：“景龍本無四‘其’字。”下"中有物""中有精"同。芒兮芴，中有物；窈兮冥，各本有"兮"字。羅振玉云："英倫本作‘窈兮冥’。”中有精。其精甚真，其中有信。自古及今，其名不去，以閲衆甫。《莊子》作"衆父"。吾何以知衆甫之然哉？以此。各本"然"作"狀"。傅奕本、閔本作"然"。

以上王弼本題云：二十一章。河上公本以此爲《虛心章》。

曲則全，枉則直，窪則盈，敝則新，少則得，多有惑。是以聖人抱一爲天下式。不自見，故明；不自是，故彰；不自伐，故有功；不自矜，故長。馬敍倫云："此四句當在二十四章‘自矜者不長’下。”柱按：馬説非也。如馬説，文義複贅。此文仍當在此。承"抱一"而言，即"曲則全"等之理也。唯此下"夫唯不爭，故天下莫能與之爭"，當在六十八章耳。古之所謂曲則全者，豈虛言哉？誠全而歸之。

以上王弼本題云：二十二章。河上公本以此爲《益謙章》。

希言自然。

飄風不終朝，各本與"希言自然"連爲一章。"飄"上有"故"字。審校文義，終難連貫，當分章爲是。羅振玉云：“景龍、廣明、景福、英倫諸本均無‘故’字。”驟雨不終日，孰爲此者？天地。天地尚不能久，而况於人乎？

故"故"與"夫"通。從事於道者，同於道；各本重"道者"二字。俞樾云：“《淮南子·道應篇》引：老子曰‘從事於道者同於道’，可見古本不疊‘道者’二字。”德者同於德；失者同於失。傅奕本此三句作："從事於道者，道者同於道，從事於德者，德者同於德，從事於失者，失者同於失。”

同於道者，道亦樂得之；同於德者，德亦樂得之；同於失者，失亦樂得之。王弼本三"亦"字下均有"樂"字。傅奕本此數句均無"同"字、"樂"字。羅振玉云:"御注、英倫二本無'樂'字。"柱按:王注云"言隨其所行,故同而應之",不釋"樂"字,知王本亦無"樂"字也。此下各本有"信不足焉有不信焉"八字。馬敍倫云:"此二句疑十七章錯簡在此。"

以上王弼本題云:二十三章。河上公本以是爲《虛無章》。

企者不立,畢沅云:"河上公本'企'作'跂'。"羅振玉云:"景龍本'立'作'久'。廣明本此上有'喘者不久'句。"馬敍倫云:"'企'《說文》重文作'跂'。"跨者不行,羅振玉云:"景福本此二句倒置。"自見者不明,自是者不彰,自伐者無功,自矜者不長。其於道"於"各本作"在","道"下有"也"字。羅振玉云:"御注、英倫二本'其在'作'其於',景龍本無'也'字。"曰:餘食贅行。物或惡之,故有道者不處。

以上王弼本題曰:二十四章。河上公本以此爲《苦恩章》。

有物混成,先天地生,宋兮寞兮,"宋"各本作"寂",傅奕作"宋"。"寞",鍾會作"廫"。獨立而不改,周行而不殆,可以爲天下母,吾不知其名,強字之曰道,各本"字"上無"強"字。柱按:《韓非子·喻老》釋第一章有"強字之曰道"之語,疑本老子此章之文。傅奕本正有"彊"字。強爲之名曰大。大曰逝,逝曰遠,遠曰反。故道大,天大,地大,人亦大。各本作"王亦大",茲據《說文》改作"人"。傅奕本與《說文》同。域中有四大,而人居其一焉。各本"人"作"王",茲據下文改。傅奕本作"而王處其一尊",謬甚。人法地,地法天,天法道,道法自然。李約讀"人法地地"爲句,"法天天"爲句,"法道道"爲句,謬甚。

以上王弼本題云:二十五章。河上公本以此爲《象元章》。

重爲輕根,靜爲躁君。是以聖人終日行不離輜重。羅振玉云:"'聖人'景龍、御注、英倫三本均作'君子'。"雖有榮觀,馬敍倫云:"'榮觀'是'營衛'之借。"宴處超然。馬敍倫云:"'超'借爲'怊',《說文》無怊,惆即怊也。《說文》:惆,失意也。"如之何萬乘之主而以身輕天下？傅奕本如此。河上公本、王弼本作"奈何"。羅振玉云："景龍本作'如何'。"經①則失根，"根"王弼本、傅奕本作"本"，宋河上本作"臣"。羅振玉云："景龍、御注、英倫、廣明、景福諸本均作'臣'。"俞樾云："《永樂大典》作'根'。"躁則失君。

以上王弼本題云：二十六章。河上公本以此爲《重德章》。

善行無徹迹，王本如此。羅振玉云："景福本'行'下有'者'字。"下'善言''善數''善閉''善結'下並同。廣明本同。柱按：傅奕本同有"者"字。善言無瑕謫，善數不用籌策，善閉無關楗而不可開，善結無繩約而不可解。

人之不善，何棄之有？此六十二章之文移至此。是以聖人常善救人，故無棄人；常善救物，故無棄物。晁説之②云："傅奕曰：'是以聖人'至'棄物'，古無此，獨河上有之。"馬敍倫云："《淮南·道應訓》明引《老子》曰'人無棄人，物無棄物，是謂襲明'，則不得謂經無此文也。"是謂襲明。故善人者，不善人之師；不善人者，善人之資。不貴其師，不愛其資，雖智大迷，是謂要妙。

以上王弼本題云：二十七章。河上公本以此爲《巧用章》。

知其雄，守其雌，爲天下奚；"奚"王弼、傅奕本作"谿"。羅振玉云："《釋文》作'溪'，景福本亦作'溪'，景龍本作'蹊'，敦煌本作'奚'。"下並同。爲天下奚，常德不離，羅振玉云："景龍本'德'作'得'。"下二"德"字同。復歸於嬰兒。知其白，守其黑，爲天下式；爲天下式，常德不忒，復歸於無極。知其榮，守其辱，爲天下谷；爲天下谷，常德乃足，復歸於樸。樸散則爲器，聖人用之，則爲官長。故大制無割。"無"王本作"不"，傅奕本作"無"。羅振玉云："敦煌本'制'作'剬'。"

---

① 經："輕"字之訛。
② 晁説之(1059—1129)：字以道、伯以，號景迂生，北宋濟州鉅野（今山東巨野縣）人。進士及第，官至中書舍人兼詹事。著有《晁氏書傳》《晁氏詩傳》《晁氏春秋傳》《易玄星紀譜》《易規》等，詩作收入《嵩山文集》，創景迂學派，其要在《宋元學案·景迂學案》。

以上王弼本題云：二十八章。河上公本以此爲《反樸章》。

將欲取天下而爲之，吾見其不得已。天下神器，不可爲也，不可執也。各本無"不可執也"句。劉師培云："《文選·干寶晉紀總論》注引《文子》引老子曰'天下大器也，不可執也，不可爲也'。"爲者敗之，執者失之。是以聖人無爲，故無敗；無執，故無失。此二句六十四章之文，據馬敘倫説移此。夫物"夫"王本作"故"，傅奕本作"凡"。羅振玉云："景龍本、敦煌本均作'夫'。"或行或隨，或噤或吹，"噤"王本作"歔"，今從傅奕本。或强或羸，或載或墮，"載"王本作"挫"，傅奕本作"培"。羅振玉云："河上、御注、景福三本作'載'。敦煌二本作'接'。"是以聖人去甚，去奢，去泰。

以上王弼本題云：二十九章。河上公本以此爲《無爲章》。

以道佐人主者，不以兵强天下，此下各本有"其事好還，師之所處，荆棘生焉，大軍之後，必有凶年"二十字，乃下章錯簡。今移下。善有果而已。傅奕本作"故善者果而已矣"。羅振玉云："景龍、御注、敦煌、景福諸本，均作'故善者果而已'。廣明本作'善者果而已矣'。"不敢以取强，羅振玉云："景龍本、敦煌本均無'敢'字。"果而勿矜，果而勿伐，果而勿驕，果而不得已，是果而勿强。各本無"是"字，傅奕本有。俞樾云："上文皆言其果，不言其强。故總之曰'是果而勿强'，正與上文'不以取强'相應。"物壯則老，謂之非道，各本作"是謂不道"。羅振玉云："景龍、敦煌二本均作'謂之非道'。"非道早已。"非"各本作"不"。羅振玉云："景龍、敦煌二本均作'非'。"

以上王弼本題云：三十章。河上本以此爲《儉武章》。

夫佳兵者，"佳"各本作"佳"，據王念孫校改。王云："佳，古'唯'字。"傅奕本作"美"，謬甚。不祥之器，以下各本有"物或惡之，故有道者不處"十字，乃二十章錯簡。今删。非君子之器。各本此句上有"君子居則貴左，用兵則貴右。兵者，不祥之器"十七字。柱按："兵者，不祥之器"，乃上句衍文，餘當移下。其事好還；師之所處，荆棘生焉；大軍之後，必有凶年。各本此二十字錯在第三十章，今移此。即不祥之器之證。君子居則貴左，用兵則貴右。即非君子之器之證。不得已而用之，恬澹爲上。勝而不美，若美之者，"若"各本作"而"。羅振玉云："景龍本作'若美之'，敦煌本作'若美必樂之'。"是樂殺人。夫樂殺人者，則不可以得志於天下矣。此下各本有"吉事尚左，凶事尚右，偏將軍居左，上將軍居右，言以喪禮處之。殺人之衆，人以哀悲泣之，戰勝以喪禮處之"四十字，言極淺陋，決非老子之文。疑皆上文"君子居則貴左，用兵則貴右"之注，誤入正文，而錯置於此者，今刪。

以上王弼本題云：三十一章。河上本以此爲《偃武章》。

道常無名。此下各本有"樸雖小，天下莫能臣也。侯王若能守之，萬物將自賓。天地相合以降甘露，民莫之令而自均"三十五字，今後移。始制有名。名亦既有，夫亦將知止，知止不殆。各本"不殆"上有"可以"二字。羅振玉云："景龍、敦煌二本均無此二字。"此下各本有"譬道之在天下，猶川谷之於江海"十三字，今移下。

以上王弼本題云：三十二章。河上本以此爲《聖德章》。

知人者智，自知者明；勝人者有力，自勝者强；知足者富；强行者有志；不失其所者久；死而不亡者壽。傅奕本各句末均有"也"字，謬甚。

以上王弼本題云：三十三章。河上本以此爲《辨德章》。

大道汜兮其可左右，萬物持之以生而不辭，"以"王本、河上本並作"而"，傅奕本作"以"。羅振玉云："景龍、御注、敦煌、英倫諸本'而'均作'以'。"功成而不有，傅奕本作"功成而不居"。畢沅云："河上公作'功成而不名有'，今王弼本同河上。《永樂大典》，弼本同弈。"羅振玉云："廣明本'成'下有'而'字。"柱按：據上下文例，"而"字當有。"名"字因下文而衍。衣養萬物而不爲主，"衣養"傅奕本作"衣被"。畢沅云："'衣被'河上公作'愛養'，王弼作'衣養'。案'衣''愛'聲相同。"羅振玉云："河上、景龍、御注、英倫、廣明、景福諸本，作'愛養'，敦煌本作'衣被'。"柱按：作"愛養""衣被"者，皆因不識"衣養"之義，故或改"衣"就"養"，或改"養"就"衣"耳。常無，故可名於小；"故"各本作"欲"，審校文義，當是"故"字之譌。古書"故""欲"二字易誤。如《墨子·非攻中篇》云"欲得而惡失，故安而惡危"，下句"故"字陳仁錫本作"欲"，是其證。萬物歸焉而不爲主，可名於大。王弼本"於"作"爲"。羅振玉云："景龍、御注、敦煌三本均作'於'。"以其終不自大，傅奕本如此。王弼本"自"上有"爲"字。羅振玉云："河上、景龍、敦煌、御注、景福、英倫諸本均作'是以聖人終不爲大'。"故能成其大。

以上王弼本題云：三十四章。河上本以此爲《任成章》。

執大象，天下往；往而不害，安平太。樂與餌，過客止。道之出言，淡乎其無味。"言"王本作"口"，"兮"作"乎"。陶鴻慶云："傅奕本'出口'作'出言'，'乎'作'兮'。據王注云'道之出言，淡然無味'，而二十三章'希言自然'注亦云：下章言'道之出言，淡兮其無味也'，似所見本與傅本同也。"羅振玉云："景龍、敦煌本'口'作'言'，景福'乎'作'兮'。"視之不足見，聽之不足聞，用之不可既。

以上王弼本題云：三十五章。河上本以此爲《仁德章》。

將欲歙之，傅奕本"歙"作"翕"。畢沅云："河上公作'噏'，王弼作'僉'，簡文作'歙'，《韓非子》與弈同。陸德明曰：'本又作給。'案：古無'噏''僉'二字。《說文解字》云：歙，縮鼻也。'歙'有縮義，故與'張'爲對。'翕'古文字少通用。"羅振玉云："景龍本作'翕'。"必固張之；將欲弱之，必固強之；將欲廢之，必固舉之；"舉"各本作"興"，疑本爲"舉"，脱壞爲"與"，遂誤改爲"興"。"舉"與下"予"爲韻。將欲取之，范應元云："'取'一作'奪'，非古也。"馬叙倫云："《韓非·喻老篇》引並作'取'。"必固予之。馬叙倫云："'固'讀爲'姑且'之'姑'。《韓非·説林上》：'《周書》曰：欲將取之，必姑予之。'"是謂微明。柔勝剛，弱勝強。王弼本、河上本作"柔弱勝剛強"。傅奕本作"柔之勝剛，弱之勝強"。羅振玉云："景龍作'柔勝剛，弱勝強'。"

魚不可脱於淵；國之利器，不可以示人。"國"傅奕本作"邦"。

畢沅云："《韓非子》亦作'邦',河上公、王弼並作'國',《莊子》作'國',《説苑》作'國之利器不可以借人'。"

以上王弼本題云：三十六章。河上本以此爲《微明章》。

道常無爲而無不爲。侯王若能守之,萬物將自化。化而欲作,吾將鎮之無名之樸。夫亦將無欲。此句上各本有"無名之樸"四字。羅振玉云："據《釋文》,王本似無此句。"**不欲以靜,天下將自正。**"正"各本作"定"。傅奕本作"正"。羅振玉云："景龍、御注、景福三本'定'均作'正'。"

以上王弼本題云：三十七章。河上本以此爲《爲政章》。

樸雖小,天下莫能臣也。王弼本如此。傅奕本無"也"字。羅振玉云："景龍、御注、敦煌、英倫諸本,'莫能'作'不敢',景福作'莫敢'。"又："均無'也'字。"**侯王若能守,**各本"守"下有"之"字,傅奕本無。羅振玉云："景龍、御注、敦煌、英倫諸本均無'之'字。"**萬物將自賓。天地相合,以降甘露,民莫之令而自均。**此原在三十二章。今移此,別爲一章,承上章"無名之樸"而言。

上德不德,是以有德。下德不失德,是以無德。上德無爲而無不爲,"無不爲"各本作"無以爲",兹據《韓非子·解老篇》改作"無不爲"。**下德爲之而有不爲,**"不"各本作"以"。陶鴻慶云："'以'當作'不',與上句反正互明。注云'下德求而得之,爲而成之。求而得之,必有失焉;爲而成之,必有敗焉。善名生則有不善應焉',正釋經文有不爲之義。"**上仁爲之而無以爲,下義爲之而有以爲,上禮爲之而莫之應,則攘臂而仍之。**"仍"各本作"扔",傅奕本作"仍"。劉師培云："據《韓非》則'扔'當作'仍'。仍,因也。"羅振玉云："景龍、御注、景福三本'扔'作'仍'。"**故失道而後德,失德而後仁,失仁而後義,失義而後禮。**畢沅云："《韓非·解老》四'而後'下並有'失'字。"柱按:《莊子》引無。**夫禮者忠信之薄也,而亂之首乎？**各本"薄"下無"也"字,"乎"作"也"。今從《韓非》。**前識者道之華也,而愚之始乎？**"也"字各本無,據《韓非》增。"乎"字《韓非》亦作"也",據《韓非》上句改。**是以大丈夫處其厚**

不處其薄，處其實不處其華，故去彼取此。

以上王弼本題云：三十八章。河上本以此爲《論德章》。

昔之得一者，天得一以清，地得一以寧，神得一以靈，谷得一以盈，萬物得一以生，侯王得一以爲天下貞。羅振玉云："景龍本、景福本'貞'均作'正'。"天無以清，將恐裂；此句上王本、河上本有"其致之"三字。傅奕本有"其致之一也"五字。馬敘倫云："是古注文。"地無以寧，將恐發；劉師培云："'發'讀爲'廢'。《說文》曰：'廢，屋頓也。'"神無以靈，將恐歇；谷無以盈，將恐竭；萬物無以生，將恐滅；侯王無以貞，將恐蹶。王弼本作"無以貴高將恐蹶"，傅奕本作"無以爲貞而貴高將恐蹶"。劉師培云："當作'無以貞將恐蹶'。此承上'侯王得一以爲天下貞'而言，'貞'誤爲'貴'，後人因下文增'高'字。"故貴必以賤爲號，高必以下爲基。各本"以"上無"必"字，河上本有。"號"各本作"本"。劉師培云："《淮南·原道訓》作'貴者必以賤爲號'，是古本如此。'號'指孤寡不穀言。姚鼐云'故貴以賤爲本'，'故'字衍。'貴以賤爲本'至'非乎'二十六字，應在四十二章'人之所惡'之上。"柱按：審文，四十二章之文當移此。是以侯王自謂孤寡不穀。羅振玉云："'謂'景福本作'曰'。"此其以賤爲本與？非乎？王弼本作"此非以賤爲本邪非乎"，傅奕本作"是其以賤爲本也非歟"。羅振玉云："景龍、御注、景福三本'此非'作'此其'，敦煌本作'是'，'邪'敦煌本作'與'。"人之所惡，唯孤寡不穀，而侯王以爲稱。此十五字本四十二章之文，據文義移此。"侯王"王本、河上本，作"王公"，傅奕本作"王侯"。今據上文作"侯王"。故致譽無譽，各本作"致數輿無輿"。羅振玉云："《釋文》出'數譽'二字，知王本作'譽'。"柱按："數"乃"致"之誤衍。故物凡損之而益，或益之而損。此十二字亦四十二章文。不欲禄禄如玉，落落如石。"禄禄"王本、河上本作"琭琭"，傅奕本作"碌碌"。"落落"王本作"珞珞"。畢沅云："古無'琭''碌''珞'三字。"羅振玉云："敦煌本'琭琭'作'禄禄'。景龍、御注、敦煌三本'硌硌'均作'落落'。"

以上王弼本題云：三十九章。河上本以此爲《法本章》。

反者道之動，弱者道之用。天下萬物生於有，有生於無。

以上王弼本題云：四十章。河上本以此爲《去用章》。

上士聞道勤而行；各本"行"下有"之"字。羅振玉云："御注本無'之'字。"中士聞道若存若亡；下士聞道大笑之，不笑不足以爲道。故建言有之曰：王本、河上本無"曰"字，傅奕本有。羅振玉云："敦煌本作'是以建言有之曰'。"明道若昧，進道若退，夷道若纇，羅振玉云："《釋文》河上本作'類'，景龍、敦煌、景福三本亦作'類'。"上德若谷，大白若辱，廣德若不足，建德若偷，羅振玉云："敦煌本無此句。"廣明本"偷"作"媮"。質直若渝，大方無隅，大器晚成，大音希聲，大象無形，道隱無形。夫唯道，善貸且成。羅振玉云："敦煌本'貸'作'始'。"

以上王弼本題云：四十一章。河上本以此爲《同異章》。

道生一，一生二，二生三，三生萬物。萬物負陰而裛陽，"裛"各本作"抱"。傅奕本如此。盅氣以爲和。"盅"各本作"沖"，范應元作"盅"。此下各本有"人之所惡，唯孤寡不穀，而王公以爲稱，故物或損之而益，或益之而損"二十七字，今移在上。人之所教，我亦教之；強梁者不得其死，吾將以爲教父。傅奕本"教"作"學"。羅振玉云："敦煌本作'學'。"

以上王弼本題云：四十二章。河上本以此爲《道化章》。

無有入有間。此句上各本有"天下之至柔，馳騁天下之至堅"十二字。柱按：此十二字乃七十八章錯簡。吾是以知無爲之有益也。各本無"也"字，傅奕本有。畢沅云："《淮南子》有。"不言之教，無爲之益，天下希及之。

以上王弼本題云：四十三章。河上本以此爲《偏用章》。

名與身，孰親？身與貨，孰多？得與亡，孰病？甚愛，必大費。各本"甚"字上有"是故"二字。畢沅云："河上公無'是故'二字。"羅振玉云："景福本無'是故'二字。"多藏，必厚亡。故知足，不辱；各本無"故"字。羅振玉云："此句之首，景龍本、敦煌本皆有'故'字。"知止，不殆。可以長久。

以上王弼本題云：四十四章。河上本以此爲《立戒章》。

大成若缺，其用不敝。王本、河上本"敝"作"弊"。傅奕本作"敝"。大盈若盅，各本"盅"作"沖"。其用不窮。大直若詘，王本、河上本作"屈"，傅奕作"詘"。孫詒讓①云："《韓詩外傳·九》引亦作'詘'。《外傳》引'大巧'句在'大辯'句下，下有'其用不屈'四字。"大巧若拙，大辯若訥。馬敘倫云："'大巧'句下，及'大辯'句下，應各有'其用不□'一句，而今亡矣。"躁勝寒，靜勝熱，清靜爲天下正。

以上王弼本題云：四十五章。河上本以此爲《洪德章》。

天下有道，卻走馬以糞車；傅奕本"糞"作"播"。彭耜曰："朱文公本'糞'下有'車'字。"畢沅云："張衡《東京賦》引亦有'車'字。'糞''播'古字通用。"天下無道，戎馬生於郊。罪莫大於可欲，王本無此句，傅奕本、宋河上本均有。羅振玉云："景龍、御注、敦煌、景福四本均有'罪莫大於可欲'句。"禍莫大於不知足，咎莫大於欲得，"大"傅奕本作"憯"。羅振玉云："敦煌本作'甚'。"故知足之足常足矣。

以上王弼本題云：四十六章。河上本以此爲《儉欲章》。

不出户，知天下；不闚牖，見天道。其出彌遠，其知彌尟。"彌"各本作"彌"，"尟"各本作"少"，傅奕本如此。是以聖人不行而知，不見而名，不爲而成。

以上王弼本題云：四十七章。河上本以此爲《鑒遠章》。

爲學日益，爲道日損。損之又損，以至於無爲，而無不爲。以上各本有"取天下常以無事，及其有事，不足以取天下"十七字，當是五十七章錯簡，今移下。

以上王弼本題云：四十八章。河上本以此爲《忘知章》。

---

① 孫詒讓(1848—1908)：幼名效洙，又名德涵，字仲容，號籀廎，清浙江瑞安人。同治六年舉人，官刑部主事，旋歸不復出，精研古學垂四十年，融通舊説，校注古籍，著書三十餘種。著有《周禮正義》《墨子閒詁》《契文舉例》《溫州經籍志》等。

聖人無心，"心"上各本均有"常"字。羅振玉云："景龍本、敦煌本均無'常'字。"以百姓心爲心。善者吾善之，不善者吾亦善之，得善。信者吾信之，不信者吾亦信之，得信。王本、河上本"得"作"德"，傅奕作"得"，"得善""得信"下並有"矣"字。羅振玉云："景龍本、敦煌本均作'得'。"聖人之在天下歙歙焉，爲天下混混焉；傅奕本如此。王弼本作"聖人在天下歙歙，爲天下渾其心"。百姓皆注其耳目，傅奕本如此。畢沅云："聚珍版王弼本無此句，據陸德明《釋文》應有。"聖人皆咳之。"咳"各本作"孩"，傅奕如此。

以上王弼本題云：四十九章。河上本以此爲《任德章》。

出生入死，生之徒十有三，死之徒十有三。民之生生而動動皆之死地，亦十有三。傅奕本如此。王弼本作"人之生，動之死地亦十有三"。劉師培云："傅奕本與《韓非》同，此爲古本。"夫何故？以其生生之厚。夫惟能以無以生爲者，是賢於貴生也。各本無此十六字。馬敍倫云："七十五章'夫惟能無以生者，是賢於貴生者也'二句，當在此下。《淮南·精神訓》'以其生生之厚，夫惟能無以生爲者，則所以修得生也'，《文子·九守篇》'以其生生之厚，夫惟無以生爲者'，皆以'夫惟能無以生爲'者連此句，義亦相屬。"馬説是也。

蓋聞善攝生者，陸行不遇兕虎，入軍不被兵甲，羅振玉云："敦煌本'甲'作'鉀'，乃'甲'之別體。"兕無所投其角，虎無所措其爪，兵無所容其刃。夫何故？以其無死地。

以上王弼本題云：五十章。河上本以此爲《貴生章》。

道生之，德畜之，物形之，勢成之。是以萬物莫不尊道而貴德。道之尊，德之貴，夫莫之命而常自然。故道生之，各本此下有"德畜之"三字。羅振玉云："敦煌本脱此三字。"成疏云："重疊前文，以生後句，而舉道不言德者，明德不異道，而又略故也。"長之育之，亭之毒之，蓋之覆之；王本、河上本"蓋"作"養"，傅奕本如此。生而不有，爲而不恃，長而不宰。此下各本有"是謂玄德"四字。馬敍倫云："乃五十六章文。"

以上王弼本題云：五十一章。河上本以此爲《養德章》。

天下有始，以爲天下母。既得其母，以知其子；既知其子，復守其母；没身不殆。塞其兑，羅振玉云："《釋文》河上本作'鋭'，景福本亦作'鋭'。"下同。閉其門，終身不勤；開其鋭，濟其事，終身不救。見小曰明，守柔曰强，復歸其明，無遺身殃，是謂習常。"謂"各本作"爲"，傅奕本作"謂"。羅振玉云："以全書例之，當作'謂'，據景龍、御注、敦煌諸本改。"

以上王弼本題云：五十二章。河上本以此爲《歸元章》。

使我介然有知，行於大道，唯施是畏。大道甚夷，而民好徑。羅振玉云："御注本作'民其好徑'。"朝甚除，田甚蕪，倉甚虛，服文采，"采"王弼本作"綵"，傅奕本作"采"。羅振玉云："御注本作'彩'，廣明本作'絲'。"帶利劍，厭飲食，資貨有餘："資貨"各本作"財貨"。畢沅云："《韓非子》作'資貨'。"羅振玉云："敦煌本'財'作'資'。"是謂盗竽，各本"竽"作"夸"。羅振玉云："敦煌本作'夸'。"柱按：《韓非子·解老篇》作"盗竽"。釋云："大姦作則小盗隨，大姦唱則小盗和。竽也者，五聲之長也。故竽先則鍾瑟皆隨，竽唱則諸樂皆和。今大姦作，則俗之民唱；俗之民唱，則小盗必和。故服文綵，帶利劍，厭飲食，而資貨有餘者，是之謂盗竽矣。"《韓非》釋"盗竽"義甚當，此是古本。盗竽王本無此二字，各本作"盗夸"。非道施哉？柱按："施"各本作"也"，即施之省，或施之壞體，即"唯施是畏"之"施"也。

以上王弼本題云：五十三章。河上本以此爲《益證章》。

善建不拔，善裹不脱，各本"不"上有"者"字，"裹"各本作"抱"，傅奕本作"裹"。畢沅云："《韓非子》無二'者'字。'裹'俗作'抱'。"非。子孫以共祭祀，世世不輟。宋河上本作"子孫祭祀不輟"。王弼本、傅奕本與河上同，惟王本"不"上多"以"字。馬敘倫云："當從《韓非》作'子孫以其祭祀，世世不輟'。惟'其'字當是'共'字之譌。'共'當爲'龔'。《説文》：龔，給也。"

修之於身，其德乃真；羅振玉云："敦煌本'乃'作'能'。"下四句"乃"字同。修之於家，其德乃餘；修之於鄉，其德乃長；修之於邦，其德乃豐；各本"邦"作"國"，傅奕本作"邦"。修之於天下，其德乃普。傅奕本五"修之"下均無"於"字。畢沅云："河上公、王弼五'修之'下，並有'於'字，《韓非》《淮南》同。"故以身觀身，以家觀家，以鄉觀鄉，以邦觀邦，以天下觀天下。吾何以知天下之然哉？以此。各本"然"上無"之"字，傅奕本有。羅振玉云："景福本'下'下有'之'字。"

以上王弼本題云：五十四章。河上本以此爲《修觀章》。

含德之厚，比於赤子，毒蟲不螫，傅奕本作"蜂蠆不螫"。畢沅云："河上公作'毒蟲不螫'。王弼作'蜂蠆虺蛇不螫'。"羅振玉云："景龍、御注、敦煌、景福諸本均作'毒蟲不螫'。"猛獸不攫，據鳥不搏，骨弱筋柔而握固。未知牝牡之合而脧作，"脧"傅奕本如此。畢沅云："河上公作'朘'，王弼作'全'，徐鉉本《說文解字》'脧'字新附，而陸德明《音義》引之，有'子和切'之言，似唐本有而宋本無之。"羅振玉云："景福本作'朘'。"精之至也；終日號而不嗄，"嗄"王本、河上本作"嗌"。畢沅云："《玉篇》引作'終日號而不嗄'。《說文解字》有'嗄'字，云'語未定貌'。揚雄《太玄經》'柔兒於號，三日不嗄'。"和之至也。知和曰常，知常曰明。益生曰殃。"殃"各本作"祥"。柱按：益生不得爲祥。《莊子·德充符篇》云："常因自然而不益生。"是益生爲逆自然，安得爲祥乎？《墨子·非樂上篇》"降之百殃"。畢沅云："殃，祥字異文。"非是。"殃"當爲"祅"之異文。老子此"祥"字，疑本"殃"之誤，今正。易順鼎云："'祥'即不祥。"《書序》云"有祥桑共生於朝"，與此"祥"字義同。心使氣則彊。傅奕本如此。王弼本作"曰強"。馬敍倫云："'彊'借爲'僵'。《莊子·則陽篇》'推而僵之'。《玉篇》引作'僵'。"此下各本有"物壯則老，謂之不道，不道早已"十二字。馬敍倫云："此文已見三十章，乃因錯簡而復出者也。"

以上王弼本題云：五十五章。河上本以此爲《元符章》。

挫其銳，此上各本有"知者不言，言者不知，塞其兌，閉其門"十四字。馬敍倫云："'知者不言'二句，蓋八十一章錯簡。'塞其兌'二句，乃五十一章文。"按：馬説是也，今正。解其紛，和其光，同其塵，是謂玄同。故不可得而親，羅振玉云："景福本無'而'字。"下五句同。亦不可得而疏；傅奕本如此。畢沅云："王弼無'亦'字。"下二句同。不可得而利，亦不可得而害；不可得而貴，亦不可得而賤。故爲天下貴。

　　以上王弼本題云：五十六章。河上本以此爲《玄德章》。

　　以正治國，以奇用兵，以無事取天下。取天下常以無事，及其有事，不足以取天下。吾何以知其然哉？以此：高延第云："'以此'指下八句。"天下多忌諱，而民彌貧；"彌"各本作"彌"，傅奕本如此。民多利器，國家滋昏；人多伎巧，奇物滋起；法令滋彰，盜賊多有。故聖人云：我無爲，民自化；我好靜，民自正；我無事，民自富；我無欲，民自樸。四"民"字上各本皆有"而"字。羅振玉云："景龍本無'而'字。"柱按：無"而"字，是也。爲、化韻，靜、正韻，事、富韻，欲、樸韻。

　　以上王弼本題云：五十七章。河上本以此爲《淳風章》。

　　其政悶悶，其民醇醇；其政察察，其民缺缺。

　　禍兮福所倚，福兮禍所伏，孰知其極？此下各本有"其無正"三字，傅奕本作"其無正衺"。柱按：此衍文也。王注云："言誰知善治之極乎？唯無可正舉，無可形名，悶悶然而天下大化，是其極也。"止釋"極"義，不釋"無正"之義。其云"唯無可正舉"者，即首二句注所謂"言善治政者，無形、無名、無事、無政可舉"之"無政"。其云"無可形名"亦即前注之"無形"，非釋此文之"正"字也。"其無政"三字，蓋涉上句而衍"其"字，涉注文而衍"無正"二字耳。"衺"字亦後人妄加。正復爲奇，善復爲妖。人之迷也，其日故以久矣。王弼本作"人之迷其日固久"，傅奕本作"人之迷也其日固久矣"，《韓非子・解老》作"人之迷也其日故以久矣"。"以""已"同字。是以聖人方而不割，廉而不劌，直而不肆，光而不耀。馬敍倫云："此四句當移至'其民缺缺'下。"柱按：《韓非・解老篇》，先釋"禍福"兩句，次釋"人之迷"句，又次釋"方而不割"四句，次第與今本老子同，知古本亦如此也。馬説謬。此四句與上文義自接，蓋以福有禍伏，善復爲妖，故方而不割云云也。

以上王弼本題云：五十八章。河上本以此爲《順化章》。

治人事天莫若嗇。夫唯嗇，是以早服。傅奕本如此，各本"以"作"謂"。《韓非子》作"夫謂嗇是以蚤服"。羅振玉云："敦煌本'謂'作'以'。"早服是謂重積德。《韓非子》如此，各本作"謂之"。重積德則無不克，無不克則莫知其極，莫知其極則可以有國。《韓非子》如此，各本無"則"字。有國之母，可以長久。是謂深其根，固其柢，長生久視之道。各本無二"其"字，據《韓非子》增。羅振玉云："柢，《釋文》亦作'蒂'。敦煌、御注、景福三本作'蔕'。"

以上王弼題云：五十九章。河上本以此爲《守道章》。

治大國者若亨小鮮。各本無"者"字，"亨"作"烹"。今據《韓非子》增"者"字。王先慎云："《治要》有'者'字。"羅振玉云："敦煌庚本作'亨'。"以道位天下者，"位"各本作"涖"，無"者"字。傅奕本作"涖"，今據《韓非》增"者"字。畢沅云："古'涖'字作'竦'，亦通用'位'，俗作'涖'及'莅'，并非也。"王先慎云："《治要》引亦有'者'字，蓋唐人所見老子本有'者'字。"羅振玉云："敦煌庚本、景福本均有。"其鬼不魁。"魁"各本作"神"。柱按：《説文·鬼部》有"魁"字，云："神也，从鬼，申聲。"段玉裁注云："老子'其鬼不神'，《封禪書》曰'秦中最小鬼之神者'，《中山經》（謂《山海經·中山經第五》）'青要之山魁武羅司之'。郭云：'魁'即'神'字。"許意非一字也。鄭知同[①]云："謂鬼之神者，是從鬼神義別造神鬼專字。"然則老子此文本字蓋當作"魁"也。今正，下同。非其鬼不魁也，其魁不傷人也。各本無兩"也"字，今據《韓非》增。魁不傷人，各本句首有"非其"二字。陶鴻慶云："蓋涉上文而誤衍。"柱按：陶説是也。下文"兩不相傷，則德交歸焉"，若此云，"非其魁不傷人"，豈能説"兩不相傷"邪？聖人亦不傷民。"民"各本作"人"，據《韓非》作"民"。兩不相傷，則德交歸焉。各本"兩"上有"夫"字，"則"字作"故"。今據《韓非》如此。

---

① 鄭知同（1831—1890）：字伯更，清貴州遵義人。曾入張之洞幕府，後入廣雅書局任書局總纂。精訓詁學，著有《説文正義》《説文述許》《六書淺説》等。

以上王弼本題云：六十章。河上本以此爲《居位章》。

大國者天下之下流，各本無"天下之"三字，傅奕本如此。天下之郊，各本"郊"作"交"，下同。羅振玉云："敦煌本作'郊'。"天下之牝。牝常以靜勝牡，以其靜爲下。各本無"其"字，傅奕本作"以其靖故爲下也"。羅振玉云："敦煌庚本有'其'字。"故大國以下小國，則取小國；小國以下大國，則取大國。"聚"各本均作"取"，下"而聚"同。羅振玉云："御注本、敦煌辛本均作'聚'。"下"而取"同。故或下以取，或下而聚。大國不過欲兼畜人，小國不過欲入事人。此兩者各得其所欲，大者宜爲下。"此"各本作"夫"，傅奕本無。羅振玉云："景龍本'夫'作'此'，景福本、敦煌庚本無'此兩者'三字。"

以上王弼本題云：六十一章。河上本以此爲《謙德章》。柱按：此章文義淺陋，不似老子之文，疑是戰國時權謀家所增。

道者萬物之奧，善人之寶，不善人之所保。羅振玉云："景龍本、敦煌辛本'所'下有'不'字。"柱按：此下各本有"美言可以市，尊行可以加人，人之不善，何棄之有"十九字，他章錯簡也。今移正。馬敍倫說同。故立天子，置三公，雖有拱璧，以先駟馬，不如坐進此道。古之所以貴此道者何？不曰以求得之，各本無"之"字。羅振玉云："敦煌庚本'得'下有'之'字。"有罪以免邪？柱按：自"故立天子"至"以免邪"文義淺陋，不類老子之文，疑妄人加入。故爲天下貴。

美言可以市尊，美行可以加人。各本"行"上無"美"字。俞樾云："《淮南·道應篇》《人間篇》，引此文並作'美言可以市尊，美行可以加人'。"是今本脱下"美"字。

以上王弼本題云：六十二章。河上本以此爲《爲道章》。

爲無爲，事無事，味無味。各本此下有"大小多少，報怨以德"四字①。馬敍倫云："'報怨以德'一句當在七十九章'和大怨'上。"是以聖人

---

① 四："四"字應爲"八"字之誤。

欲不欲，不貴難得之貨；學不學，復衆人之所過；以順萬物之自然，而不敢爲也。各本無"也"字，傅奕本有。此三十四字，各本在六十四章，今移此。

爲多於少，各本無此句。"報怨以德"上有"大小多少"四字，不成句，疑"大小"二字即下文"爲大於細"句之譌脱。準此例之，則"多少"二字，亦疑爲"爲多於少"之譌脱。二十二章云"少則得，多則惑"，是"爲多於少"之證也。姑錄於此，以待質正。爲大於細，"於"下各本有"其"字。羅振玉云："景龍本、敦煌辛本均無'其'字。"下句同。圖難於易。各本此句在"爲大於細"句上。天下之難事，必作於易；天下之大事，必作於細。各本此二句無"之"字，《韓非子》有，傅奕本亦有。合襄之木，生於豪末；各本"襄"作"抱"。兹從傅奕本。九層之臺，起於累土；千里之行，羅振玉云："敦煌辛本作'而百仞之高'。"始於足下。此二十四字，各本錯在六十四章，審校文義，與此文上下句相接，故移此，爲"天下大事必作於細"之證。是以聖人終不爲大，故能成其大。夫輕諾必寡信。多易必多難，此即"天下難事必作於易"之證。是以聖人猶難之。"由"各本作"猶"。羅振玉云："御注本作'由'。"

以上王弼本題云：六十三章。河上本以此爲《思始章》。

其安易持，其未兆易謀，其脆易泮，其微易散。爲之於未有，治之於未亂，此下各本有"合抱之木，生於豪末；九層之臺，起於累土；千里之行，始於足下；爲者敗之，執者失之。是以聖人無爲，故無敗；無執，故無失"四十六字，錯簡也。今移正。民之從事，常於幾成而敗之。慎終如始，則無敗事。此下各本有"是以聖人欲不欲，不貴難得之貨；學不學，復衆人之所過，以順萬物之自然而不敢爲也"三十四字，蓋六十三章錯簡。

以上王弼本題云：六十四章。河上本以此爲《守微章》。

古之善爲道者，非以明民，將以愚之。民之難治，以其多智。各本作"智多"。羅振玉云："景龍本、敦煌辛本均作'多智'。"故以智治國，國之賊；不以智治國，國之福。知此兩者亦楷式。"楷"各本作

"稽",河上本作"楷"。羅振玉云:"景龍、御注、景福、敦煌辛壬諸本亦作'楷式'。"下同。常知楷式,是謂玄德。玄德深矣,遠矣,與物反矣,乃至大順。各本"乃"上有"然後"二字。傅奕本"乃"下有"復"字,"至"下有"於"字。羅振玉云:"景福本、敦煌庚壬二本無'然後'二字。敦煌庚本'至'下有'於'字。"

以上王弼本題云:六十五章。河上本以此爲《淳德章》。

譬道之在天下,猶川谷之於江海。各本此句錯在三十二章。江海之所能爲百谷王者,以其善下之,故能爲百川王。是以聖人王弼本無"聖人"二字,傅奕本有。羅振玉云:"景龍、御注、景福、敦煌庚壬諸本以下均有'聖人'二字。"欲上民,必以言下之;欲先民,必以身後之。是以處上而民不重,"是以"下各本有"聖人"二字。羅振玉云:"敦煌辛本無'聖人'二字。"處前而民不害。是以天下樂推而不猒。"猒"各本作"厭"。羅振玉云:"御注本作'猒',即厭。"以其不爭,故天下莫能與之爭。

以上王弼本題云:六十六章。河上本以此爲《後已章》。

天下皆謂我道大傅奕本無"道"字。羅振玉云:"景龍、御注、景福、敦煌庚辛壬諸本均無'道'字。"似不肖。羅振玉云:"敦煌辛本'肖'作'笑'。"下二"肖"字同。夫唯大,故似不肖。若肖,久矣,其細矣夫?馬敘倫以此與下分章,是也。

我有三寶,持而保之:一曰慈,二曰儉,三曰不敢爲天下先。羅振玉云:"敦煌辛本無'敢'字。"慈故能勇;儉故能廣;不敢爲天下先,故能爲成事長。"能"下各本無"爲"字,"事"各本作"器"。今從《韓非子》。今舍慈且勇,舍儉且廣,舍後且先,死矣。夫慈以戰則勝,傅奕本"戰"作"陳"。羅振玉云:"敦煌庚、辛二本作'陳'。"以守則固。天將救之,以慈衛之。

以上王弼本題云:六十七章。河上本以此爲《三寶章》。

善爲士者不武,善戰者不怒,善勝敵者不與,善用人者爲之下；是謂不爭之德，是謂用人之力，是謂配天之極。各本"天"下有"古"字。奚侗云："'天'下有'古'字，誼不可通。殆下章'用兵有言'句上有'古之'二字，'古之'錯入於此，而又脫一'之'字。"

以上王弼本題云：六十八章。河上本以此爲《配天章》。

古之用兵者有言：各本"用兵"上無"古之"二字，説見前。**吾不敢爲主而爲客，吾敢進寸而退尺。是謂行無行**，柱按：下"行"字當爲"胻"之省借。**攘無臂，執無兵，扔無敵。**各本"執無兵"句在"扔無敵"下。陶方琦①云："'執無兵'句，應在'扔無敵'句上。弼注曰：'猶行無行，攘無臂，執無兵，扔無敵也。'"

禍莫大於輕敵，輕敵幾喪吾寶。故抗兵相加，則哀者勝矣。王本無"則"字，傅奕本有。羅振玉云："景龍本、敦煌辛本均作'則哀者勝'。"

以上王弼本題云：六十九章。河上本以此爲《元用章》。

言有宗，事有君。此二句各本在"莫能行"下，今移上。**吾言甚易知，甚易行；天下莫能知，莫能行。夫唯有知，是以不我知。**"有"各本作"無"。陶方琦云："王弼注曰：'故有知之不得知之也。'疑王本'無知'作'有知'。"馬敍倫云："陶説是也。上'知'字當讀爲'智'。"柱按：馬讀上"知"字爲"智"，非也。《莊子·知北游篇》云："彼其真是也，以其不知也。此其似之也，以其忘之也。予與若，終不近也，以其知之也。"此有知不知之證。**知我者希，則我貴矣。**羅振玉云："景福本'則'作'明'，敦煌庚、壬二本作'則我貴矣'。"**是以聖人被褐懷玉。自知不自見，自愛不自貴，故去彼取此。**各本此三句在第七十二章"自知"上，有"是以聖人"四字。羅振玉云："敦煌辛本'是以'作'故'。"柱按：皆衍文也。

以上王弼本題云：七十章。河上本以此爲《知難章》。

---

① 陶方琦（1845—1884）：字子鎮，又字子珍，號湘湄，會稽（今浙江紹興）人。光緒舉人，授翰林院編修，督學湖南。工詩古文詞，博綜群籍，尤精著述，著有《溪廬詩稿》《淮南許注異同詁》《字林考異補本》等。

知，不知，上；不知，知，病；夫唯病病，是以不病。聖人不病，以其病病，是以不病。

以上王弼本題云：七十一章。河上本以此爲《知病章》。

民不畏威，則大畏至矣。"大"下"畏"字，各本作"威"。王弼本無"矣"字。傅奕本有。羅振玉云："景龍本無'則'字，敦煌庚本作'大畏至矣'，壬本、景福本均作'大威至矣'。"**無狎其所居，無厭其所生。夫唯不狎，**吳澄云："'不狎'舊作'不厭'，廬陵劉氏曰：'上句不厭當作不狎'，今從之。"**是以不厭。**

以上王弼本題云：七十二章。河上本以此爲《愛己章》。

勇於敢則殺，勇於不敢則活。知此兩者，或利或害。各本"此"上無"知"字。羅振玉云："景龍、御注、景福三者均作'知此兩者'，敦煌庚、壬二本作'常知此兩者'。"**天之所惡，孰知其故？**此下各本有"是以聖人猶難之"七字。馬敘倫云："'是以'一句，乃六十三章錯簡。"羅振玉云："景龍本、敦煌本均無此句。"**天之道，不爭而善勝，不言而善應，不召自來，默然而善謀。**畢沅云："'默'河上公作'坦'，王弼作'繟'。"陸德明曰：'梁武王尚、鍾會、孫登、張嗣本作坦。'"羅振玉云："敦煌庚本亦作'坦'，辛壬本作'不言'。"**天網恢恢，疏而不失。**羅振玉云："景龍本'失'作'漏'。"

以上王弼本題云：七十三章。河上本以此爲《任爲章》。

民不畏死，奈何以死懼之？若使民常畏死，而爲奇者吾得而殺之，孰敢？常有司殺者殺，而代司殺者殺，王本"而"作"夫"，傅奕本如此。羅振玉云："景龍、御注、景福、敦煌庚辛諸本，均無下'殺'字。"**是謂代大匠斲。夫代大匠斲者，希有不傷其手者矣。**

以上王弼本題云：七十四章。河上本以此爲《制惑章》。

民之饑，以其上食稅之多，是以饑；民之難治，以其上之有爲，是以難治；民之輕死，以其求生之厚，是以輕死。此下各本有

"夫唯無以生爲者,是賢於貴生"十二字。馬敘倫云:"此二句乃五十章錯簡。"

以上王弼本題云:七十五章。河上本以此爲《貪損章》。

人之生也柔弱,其死也堅強;羅振玉云:"敦煌辛本作'剛'。"**萬物草木之生也柔脆,其死也枯槁。故曰**:各本無"曰"字。羅振玉云:"敦煌庚本作'故曰'。"**堅強者死之徒,柔弱者生之徒。是以兵強則不勝,木強則斨**。"斨"各本作"兵"。俞樾云:"《老子》原文當作'木強則折'。"柱按:俞説是也。"折"篆文作"斨",古文或有作"厥"者,與"兵"字篆文作"兵"形近。**強大處下,柔弱處上**。

以上王弼本題云:七十六章。河上本以此爲《戒彊章》。

天下之道其猶張弓? "弓"下各本有"與"字。羅振玉云:"景龍本、敦煌辛本均無'與'字。"**高者抑之,下者舉之;有餘者損之,不足者補之。天之道,損有餘而補不足;人之道則不然,損不足以奉有餘。孰能損有餘以奉不足? 唯有道者。**各本無"損"字,據傅奕本增。傅奕本此句作"孰能損有餘而奉不足於天下者? 其惟有道者乎",不類《老子》文。是以"以"下各本有"聖人爲而不恃,功成而不居,其不欲見賢"十六字。馬敘倫云:"'爲而不恃'二句,當在五十一章。"柱按:"爲而不恃"二句,當是第二章之複錯。**聖人不積,既以爲人己愈有,既以與人己愈多。天之道,利而不害;聖人之道,爲而不爭。**各本"聖人不積"以下三十三字錯在八十一章。馬敘倫云:"八十一章'聖人不積'以下當在此'是以'下。"

以上王弼本題云:七十七章。河上本以此爲《天道章》。

天下之至柔,馳騁天下之至堅。各本此十三字錯在第四十三章。**天下莫柔弱於水,而攻堅強者莫之能先**,"先"各本作"勝",傅奕本如此。羅振玉云:"景龍本、敦煌本'勝'均作'先'。"**以其無以易之。弱之勝強,柔之勝剛,天下莫不知**,羅振玉云:"景龍本、敦煌辛本'不'均作'能'。"柱按:作"不"爲是。**莫能行。是以聖人云**:羅振玉云:"敦煌辛本無'云'字，御注本'云'作'言'，景龍本作'故聖人云'，景福本、敦煌庚本作'故聖人言云'。""受國之垢，是謂社稷主；受國不祥，是謂天下王。""天"上"謂"字，各本作"爲"。河上本作"謂"。正言若反。

以上王弼本題云：七十八章。河上本以此爲《任信章》。

報怨以德；各本此句錯在五十九章。和大怨，必有餘怨，安可以爲善。是以聖人執左契，不責於人。各本"不"上有"而"字。畢沅云："李約無'而'字。"羅振玉云："景龍本、敦煌辛本均無'而'字。"有德司契；無德司徹。天道無親，常與善人。

以上王弼本題云：七十九章。河上本以此爲《任契章》。

小國寡民，使民有什伯之器而不用；各本"使"下無"民"字。羅振玉云："敦煌辛本作'使民有什伯之器'，庚本作'使有阡陌人之器'。"使民重死而不遠徙；雖有舟輿，無所乘之；雖有甲兵，無所陳之；使民復結繩而用之；"民"各本作"人"，傅奕本作"民"。羅振玉云："景龍、御注、景福、敦煌庚四本均作'民'。"甘其食，美其服，安其居，樂其俗，鄰國相望，雞犬相聞，民至老死不相往來。

以上王弼本云：八十章。河上本以此爲《獨立章》。

知者不言，言者不知；各本此二句錯在第五十六章，據馬敘倫説移至此。信者不美，美者不信；此二句兩"者"字各本作"言"。俞樾云："當作'者'，與下文'善者不辨，辨者不善，知者不博，博者不知'一律。河上注云'信者如其實，不美者樸且質'，可證古本正作'信者不美，美者不信'。"善者不辯，辯者不善；智者不博，各本"智"作"知"。羅振玉云："敦煌辛本作'智'。"柱按："知""智"古本同字。然此與上"知者不言"當異義，此句"知"字當讀如今之"智"。博者不智。是以聖人不欲見賢。各本無"是以聖人不欲見賢"九字。柱按：第七十七章有"是以聖人爲而不恃，功成而不處，其不欲見賢"三句，"爲而不恃，功而不居"二句，是五十一章錯簡。"是以聖人不欲見賢"當是此章錯簡，又而衍"其"字也。

以上王弼本題云：八十一章。河上本以此爲《顯質章》。

老　子

緒　言

一　辨明老子六疑問

自來傳述老子者甚衆，以司馬遷《史記·老子列傳》爲最古，而較爲可信。其傳曰：

老子者，楚苦縣厲鄉曲仁里人也，姓李氏，名耳，字伯陽，謚曰聃，周守藏室之史也。

孔子適周，將問禮於老子。老子曰："子所言者，其人與骨，皆已朽矣，獨其言在耳。且君子得其時則駕，不得其時，則蓬累而行。吾聞之，良賈深藏若虛，君子盛德容貌若愚。去子之驕氣與多慾，態色與淫志！是皆無益於子之身。吾所以告子者，若是而已。"孔子去，謂弟子曰："鳥，吾知其能飛；魚，吾知其能游；獸，吾知其能走。走者可以爲罔，游者可以爲綸，飛者可以爲矰。至於龍，吾不能知其乘風雲而上天。吾今見老子，其猶龍邪！"

老子脩道德，其學以自隱無名爲務。居周久之，見周之衰,乃遂去。至關,關令尹喜曰:"子將隱矣,彊爲我著書!"於是老子乃著書上下篇,言道德之意,五千餘言而去,莫知其所終。

或曰:老萊子亦楚人也,著書十五篇,言道家之用,與孔子同時云。

蓋老子百有六十餘歲,或言二百餘歲,以其脩道而養壽也。自孔子死之後百二十九年,而史記周太史儋見秦獻公曰:"始秦與周合而離,離五百歲而復合,合七十歲而霸王者出焉。"或曰,儋即老子;或曰,非也;世莫知其然否。老子,隱君子也。

老子之子名宗,宗爲魏將,封於段干。宗子注,注子宮,宮玄孫假,假仕漢孝文帝。而假之子解爲膠西王卬太傅,因家於齊焉。世之學老子者,則絀儒學,儒學亦絀老子。"道不同,不相爲謀",豈謂是邪?李耳無爲自化,清靜自正。

司馬遷此傳,序事既簡,又多疑蓋之詞。於是後之學者,遂發生以下諸疑問:

(一)老聃與太史儋是否一人?
(二)老子與老萊子是否一人?
(三)老子與孔子問禮之老子是否一人?
(四)老聃與老彭是否一人?
(五)老子之年壽如何?
(六)何以稱爲老子?

第一疑問,據清儒畢沅之說,則以老聃、太史儋本爲一人。其言曰:

沅案:古"聃""儋"字通。《説文解字》又有"聃"字,云:

耳曼也。又有"瞻"字,云:垂耳也,南方儋耳之國。《大荒北經》《呂覽》"瞻""耳"字皆作"耽"。《說文解字》又有"耽"字,云:耳大垂也。蓋三字聲義相同,故並借用之。鄭康成云:"老聃,古壽者之號。"斯爲通論矣。(《老子道德經考異序》)

而與畢沅同時之汪中,則以名聃之老子,與名儋之老子爲二人,與畢沅說異。而以著《道德》之意五千餘言者爲儋,亦與畢沅說同。汪說甚博辯,詳見下文第三疑問所引。

第二疑問,據畢沅說,則老子與老萊子是二人。其言云:

老子與老萊子是二人。老子苦縣人,老萊子楚人。《史記》老萊子著書十五篇,《藝文志》作十六篇,亦爲道家言,且與老子同時,故或與老子混而莫辨。沅又案:古者有萊氏,故《左傳》有萊駒,老萊子應是萊氏而稱老,如列禦寇師老商氏,以商氏而稱老義同。當時人能久生不死,皆以老推之矣,亦無異說焉。(《老子道德經考異序》)

而汪中則以老萊子與老聃及太史儋各爲一人,其言云:

至孔子稱老萊子,今見於《大傳禮・衛將軍文子篇》,《史記・仲尼弟子列傳》亦載其說。而所云貧而樂者,與隱君子之文正合。老萊子之爲楚人,又見《漢書・藝文志》,蓋即苦縣屬鄉曲仁里也;而老聃之爲楚人,則又因老萊子而誤。故《本傳》老子語孔子:"去子之驕色與多慾,態心與淫志。"而《莊子・外物篇》則曰:"老萊子謂孔子去汝躬矜與汝容知。"《國策》載老萊子教孔子語,《孔叢子・抗志篇》以爲老萊子語子思,而《說苑・敬慎篇》則以爲常摐教老子。然

則老萊子之稱老子也舊矣，實則三人不相蒙也。(《老子考異》)

第三疑問，則汪中說，以孔子問禮之老子與著書言道德之老子爲二人。其言云：

《史記・孔子世家》云："南宮敬叔與孔子俱適周，問禮，蓋見老子云。"《老莊韓申列傳》云："孔子適周，將問禮於老子。"按：老子言行，今見於《曾子問》者凡四，是孔子之所從學者可信也。夫助葬而遇日食，然且以見星爲嫌，止柩以聽變，其謹於禮也如是。至其書則曰："禮者忠信之薄，而亂之首也。"下殤之葬，稱引周、召、史佚，其尊信前哲也如是。而其書則曰："聖人不死，大盜不止。"彼此乖違甚矣！故鄭注謂古壽考者之稱，黄東發《日鈔》亦疑之，而皆無以辅其說。其疑一也。

《本傳》云："老子，楚苦縣厲鄉曲仁里人也。"又云："周守藏室之史也。"按：周室既東，辛有入晉，司馬適秦，史角在魯，王官之族，或流播於四方；列國之產，惟晉悼嘗仕於周，其他固無聞焉。況楚之於周，聲教中阻，又非魯、鄭之比。且古之典籍舊聞，惟在瞽史，其人並世官宿業，羈旅無所置其身。其疑二也。

《本傳》又云："老子，隱君子也。"身爲王官，不可謂隱。其疑三也。(《老子考異》)

第四疑問，則鄭康成以《論語》老、彭爲二人，老即老聃，彭即彭祖。包咸、皇侃則以老彭爲一人：包以老彭爲殷大人；侃以老彭爲彭祖，年八百歲。至今人馬敍倫，又以彭祖、老彭非一人；而殷之老彭與老子又非一人；而《論語》之老彭，即爲老子。其言云：

孔子之言曰："述而不作，信而好古，竊比於我老彭。"（《論語·述而》）商之老彭，其事見於《大戴禮》者，不相吻合。而《老子》五千文中"谷神不死"四語，僞《列子》引爲《黃帝書》。黃帝雖無書，而古來傳有此說，後人仰錄爲書，則許有之。故《吕氏春秋》、賈誼《新書》皆有引也。又"將欲取之，必姑與之"，此《周書》之辭也。"强梁者不得其死"，此周廟《金人銘》之辭也。"天道無親，常與善人"，郎顗上便宜七事，以爲《易》之辭：則老子蓋張前人之義而說之，不自創作也。

又《漢書·藝文志》道家前有伊尹、太公、辛甲、鬻子四家，則道德之旨，不始老子，而有所承。又《禮記·曾子問》記四事，則並"述而不作，信而好古"之證也。此皆事據灼然。

若"彭"之與"聃"，證之音讀，自可通假。《說文》彭從壴，彡聲，則聲歸侵類。然證之甲文，彭或作𰻞，則段玉裁刪其聲字是也。壴邊之彡，所以表鼓聲之彭彭，於聲類宜歸陽部。《說文》繫、祊一字。《春秋·成十八年》：《左傳》"士魴"，《公羊傳》作"士彭"，並可證也。"聃"聲談類，談、陽之通，若《國策》"更嬴虛發而鳥下"，僞《列子·湯問》篇"更"作"甘"，而《說文》"諴"重文作"𧪝"，《詩·桑柔》瞻、相、臧、腸、狂協音，並其證矣。然使彭如舊說，從壴，彡聲，則侵、談相通，古亦有徵。《少牢禮》"有司徹乃燅"，古文"燅"作"尋"；《儀禮·士冠禮》"執以待於西坫"，古文"坫"爲"襜"；《周禮·鍾氏》"以朱湛丹秫"，注讀如"漸車帷裳"之漸，亦並其例矣。然則老子之字聃,而《論語》作彭者,弟子以其方言記之耳。若此事據,古籍多有。《春秋·哀十年》:《左傳》"薛伯夷卒",《公羊傳》"夷"作"寅",其一例也。

又《論語》加"我"字於"老彭"之上,前儒以爲親之之詞是也。蓋老子宋人而子姓,孔子之同姓,故然。(《老子校詁·老子老萊子周太史儋老彭非一人考》)

至第五、第六兩疑問,則後之誕妄者,多以老子爲長生不死,轉相傅會,說至可笑!兹節錄陳景元《道德真經藏室纂微·開題》之說,以見一斑焉。

　　老子姓李,名耳,字聃,或字伯陽。按道家經籍所說,則挺生空洞之先,變化自然之妙,而常居天上,代爲帝師,此則六合之外事,故略而不論也。非其逕庭之語者,舉其大概云:

　　老子母感大星而有娠,應見於李氏,降生於商室。於商十八王陽甲之十七年,歲在庚申,寄胎託娠,經八十一年,極太陽九九之數。其母常逍遙李樹之下,而生老子。老子生而皓首,故能言,因指李曰:"此吾姓也。"又云:父姓李,名無果,母尹氏,名益壽。當商二十二王武丁之九年,歲在庚辰,二月十五日卯時生也。

　　或云:老子身長八尺八寸,黃色,美眉,廣顙,聃耳,大目,疏齒,方口,厚唇,額有三五達理,日角月淵,鼻有雙骨,耳有三漏,足蹈二午,手握十文,蓋稟氣至清,而受形特異。生於楚國苦縣瀨鄉曲仁里,渦水之陰。

　　至紂二十一年丁卯歲,居岐山之陽,西伯聞之,詔爲守藏史。武王克商,轉爲柱下史。歷成康之世,潛默卑秩。居周久之，見周衰而退官。

至昭王二十五年癸丑歲五月二十九日壬午，乃乘青牛，薄輂(fàn,車篷)車，徐甲爲御，遂去周。關令尹喜，周大夫也，姓尹名喜，字陽公，著書九篇，説道德之事，善内學……每望霄漢，有升虚之思。老子未至關時，喜登樓四望，見東方有紫雲西邁，知有真人當過京邑，乃戒嚴門吏，掃路焚香，以俟應兆。

至七月十二日甲子，老子到關，喜擎跽(jì,長跪)曲拳，邀迎就舍，巾櫛盥漱，齋戒問道。

至於十二月二十五日退官託疾，二十八日授《道》《德》二篇。喜叩頭請隨老子西徂流沙。老子曰："汝未得道，惡能隨吾遠適！夫流沙異域，獷俗難化，而何術可御邪？唯生道入腹，神明皆存，而能除垢止念，静心守一，千日清齋，錬形入妙，而後可尋吾於蜀郡青羊之肆。其若之何？"喜唯唯而謝。老子忽然騰空，冉冉升乎太微。喜候光景斯散，影響蕭寂，樓居清齋，屏絶童隸，誦經三年，精思千日，心凝形釋，骨肉都融。已而窮數達變之微，因形移易之妙，無不盡之矣。於是去家，超然高蹈，既往青羊之肆，乃會老子。老子命喜爲文始先生，俱游乎流沙之域。

或曰：昭王時出關，化導西胡；至幽王時卻還中夏，故孔子適周，嚴事老子而問禮焉。

其怪誕有如此者。其實此五六事，細讀《史記》，已甚明白，後人自妄爲臆測之耳。兹就《史記》老子本傳爲之論明如下：

（一）老聃與太史儋非一人

按本傳云："蓋老子百有餘歲，或言二百餘歲，以其脩道而養壽也。自孔子死之後百二十九年，而史記周太史儋見秦獻公曰云云。或曰儋即老子，或曰非也，世莫知其然否。"世疑老聃與太史儋爲一人者，蓋本於此。然本傳下文歷敘"老子之子名宗，宗子注，注子宫，宫玄孫假，假子爲膠西王卬太傅"，其世系如此之明，則聃之果爲儋，老子之裔孫，豈不知之？太史公豈不能訪而知之？而所以爲是説者，蓋漢初好黄老，武帝雖崇儒術而好神仙，以儋爲聃，必當時朝廷上下俱有是説，欲以證明老子之長生不死者。司馬遷心知其非，而難於質言，故曰："或曰儋即老子，或曰非也，世莫知其然否。"其不然之意，顯然言外矣。且據《史記》所述，則儋乃預言家也，而老子云："前識者，道之華而愚之始。"(《道德經·第三十八章》)疾前識如是，其不爲一人審矣。

(二) 老子與老萊子是二人

按本傳言此，尤爲明白。其述老子云："老子著書上下篇，言道德之意五千餘言而去。"述老萊子云："或曰老萊子，亦楚人也，著書十五篇，言道家之用，與孔子同時云。"言亦楚人，則以爲二人明甚。太史公傳老子，旁及老萊子，猶《孟荀列傳》旁及慎到、劇子、墨子之徒耳。

(三) 孔子問禮之老子與著書言道德之老子爲一人

按此《史記》本傳所明言，而或以《史記》爲誤，以問禮之老子熟知禮制，而著書之老子則非禮也。不知二者原不衝突，老子爲周守藏史，故熟知禮制，而孔子問禮焉，又深知世界質文之變，其利害常相倚伏，故痛斥禮文。《禮記》所載答孔子問禮之言，言已往之制度也；其著書之説，與答孔子"去驕氣與多慾，態色與淫志"之言，則戒將來之弊也。至爲周守藏史，是前事，而又言爲隱君子，則是後事，其中固明言"見周之衰乃遂去"也。

(四) 老聃與老彭

按此條《史記》無説，《論語》所稱之老彭，既甚簡約，止可付之闕疑。若止據一二聲音之相似，妄爲斷定，大可不必。

（五）老子雖老壽并非不死

按《史記》云："蓋老子百有六十歲，或言二百餘歲。"是明老子雖壽，其年仍有限，非長生不死也。二百餘歲，理固當無；百四五十歲，固非絕對不可者。

（六）老子姓李老李雙聲故李子稱爲老子

按此《史記》言老子姓李，不言其何故稱老；生於李樹下之說，《史記》無有，知爲後人謬說無疑。李、老雙聲，猶離、婁雙聲也。老聃即李聃之轉，古亦有稱李聃者，見《六臣本文選·景福殿賦》善注。至《史記》本文"姓李氏，名耳，字伯陽，謐曰聃"之言，亦當據王念孫說訂正，爲"名耳，字聃，姓李氏"。今本蓋唐以後之人妄爲增改者也。

二　辨老孔不同時之說

老子爲與孔子同時人，自來鮮有疑者，至清儒汪中、崔東壁①始疑之。今人梁啓超更取崔東壁、汪中之言而綜合之，定老子爲戰國時代之人，其書爲戰國時代之書。茲將梁氏在北京大學演講提出各種證據如下：

（一）從《史記·老莊申韓列傳》以下簡稱《老子列傳》或《列傳》中間細看，現在考老子履歷，除了《老子列傳》，沒比他更可靠的了。似是：

（甲）《列傳》中說老子的地方，有老聃、老萊子、太史儋三個人，究竟是幾個人，司馬遷用幾個"或"字，令人莫明其

---

① 崔述（1739—1816）：字武承，號東壁，清直隸大名府魏縣（在今河北省）人。清朝著名的辨僞學者，對於疑古思潮有極大影響，代表作爲《考信錄》。當代學者顧頡剛，整理其書稿爲《崔東壁遺書》。

妙。崔東壁説老子不是老聃，汪容甫説老子是太史儋，只是世人多惑俗説，不肯聽他們。至於《列傳》敘到年壽，也用"或"字，究竟是多大高壽？抑是人非人？簡直與神話化没有差別。

（乙）《列傳》前面是神話，後面纔説到幾句人話，説道："老子之子名宗，宗爲魏將……"查魏爲諸侯，在孔子卒後六十七年，老子既與孔子同時，何以他的兒子能做魏將？

（丙）《列傳》又説："宗子注，注子宫，宫玄孫假，仕於孝文帝，而假之子解爲膠西王卬太傅。"是解爲老子八代孫，再查《孔子世家》孔子十三代孫孔安國，爲漢景帝時人，當與解同時，一個八代，一個十三代，何以不相符若此？老子必是孔子以後若干年纔合。

（丁）《列傳》中的神話，仔細研究，大半是從《莊子》的《天道》《天運》《外物》三篇搬來，有的是説老聃，有的是説老子，主名還未確定，何能拿來做根據！莊子自己説"寓言十九"，更不能拿來做歷史看了。

（二）從孔子、墨子、孟子三人的書中細看：

（甲）《史記》載孔子稱贊老聃，説"老子其猶龍乎"！詳查《論語》一書，知道孔子喜歡稱述古之賢人，及當時卿大夫如遽伯玉、子産諸人，藉令孔子嘗稱美老聃，何以《論語》反不載其一言呢？

（乙）墨子、孟子二人，都是喜攻擊反對派的，又是好説話的。若老子與孔子同時，何以他們二人的著作，都不曾説及老子？

（三）拿《曾子問》老聃的話，與《老子》本書比較，《曾子問》裏面的老聃，是否即是著《老子》書的老子，已經前人批評過。若説是一個人，那老聃所説的話，都是拘謹守禮一派,與《老子》本書的宗旨,大不相同。

(四) 從《老子》本書的思想上細看本書中所説的"六親不和有孝慈"(《道德經·第十八章》)及"民多利器,國家滋昏"(《道德經·第五十七章》)那樣激烈的話,不合春秋時代的思潮。

(五) 從《老子》本書的文字上細看,本書有許多處文字,斷非孔子同時的人所説的話:

(甲) 前人已考出書中,"偏將軍居左,上將軍居右"兩句,所謂"偏將軍""上將軍"是春秋以後制度。

(乙) 書中數處説"取天下",查春秋時霸王爭長,不過都是象在太平洋會議上,想坐首席,並無取天下的意思,何以孔子同時的人,就會有此等語言?

(丙) 書中如"大軍之後,必有凶年",又"師之所至,荆棘生焉"(《道德經·第三十章》),查左氏所述大戰,不過文字寫得轟轟烈烈,其實戰線都不過三十里,梁氏所著《歷史研究法》,作一百里。戰期都不過一日。例如鞌之戰(事見《左傳·成公二年》,爲前589年),左氏説"三周華不注",華不注不過泰山旁一個小山,十五分鐘就可以繞一週。齊晉打仗,只繞華不注三周,其戰事之小,就可想見,哪能就會"必有凶年""荆棘生焉"!

(丁) 書中數言"仁義",查仁義二字,爲孟老先生的專賣品,何以孔子同時的人,就會聯用起來?

(戊) 書中數言"王侯""王公",查某諸侯稱王,是在春秋後數十年,何以孔子同時的人,就會"王侯""王公"聯用起來?

以上梁氏之言,錄自張煦所撰《梁任公提訴老子時代問題一案判決書》。張氏所駁，甚有見解。茲更采其說，參以鄙見，分別辯之如左：

關於（一）

（甲）老聃與老萊子是二人，《史記・本傳》言之甚明。老聃與太史儋是二人，《史記》本傳雖多疑或之辭，然其以爲非二人之意則頗明白，詳見上文，茲不再贅。其敘年壽亦用"或"字，則疑以傳疑之意，言"或"而不決，則其不爲確信可知，何得謂之神話化！且即令有神話化，則不信其神話化者可也，又烏能因此而定其決不與孔子同時！《史記》《漢書》載高祖事，均有斬白蛇等神話化，亦可以因此盡不信《史》《漢》《高帝本紀》，而謂高帝不與項羽同時乎？

（乙）《列傳》止引太史儋一段似神話化，而前面首述老子國縣鄉里姓氏名字及官職，次述與孔子問答，次述去周，次及尹喜請著書，皆人事之確然者，何得謂《本傳》前面是神話，後面纔說幾句人話乎！至於爲魏將一節，魏爲諸侯，雖在孔子卒後六十七年，柱按：當是七十六年，疑原誤排。然焉知老子之卒，不後於孔子。若老子之子名宗者，生於孔子卒之年，至魏爲諸侯，距孔子之卒七十六年，則宗之年不過七十六歲，豈遂不能爲魏將乎？豈宗之年決不能壽至七八十以上乎？張煦云：魏爲諸侯，雖在孔子卒後七十年，而晉滅魏以封畢萬，早在魯閔公二年，即孔子卒在一百八十二年，畢萬之魏，爲晉六卿之一，後又爲晉四卿之一，後又滅智伯而爲三晉之一。其爲三晉之一，僅在孔子卒後二十六年，儼然諸侯，爲日已久。古者大夫有家臣，何得謂魏未受命爲諸侯之前，不能有將！就說魏必在受命之後，其將始能稱魏將，史書本多舉後制以明前例，如《左傳》生而稱謐，又如《史記・黃帝本紀》中有諸侯，在周始有五等之制（謂公、侯、伯、子、男），黃帝而有諸侯，亦屬此例。即如《老子列傳》說"老子者，楚苦縣厲鄉曲仁里人也",考苦縣本陳國地,楚滅陳在孔子生後四十七年,老子本長於孔子,則實陳人而謂之楚人,皆屬此例。據此則老子之子,縱在孔子卒後若干年仕魏,這"魏將"二字,亦加得上。

（丙）梁氏不信《史記·本傳》,然安知《本傳》記老子之子孫世代,不有遺漏,何以在彼則決其不可信,在此則決其可信,以爲立說之根據乎？吾以謂老子,其大者也,老子之子孫,其小者也。司馬遷作《本傳》,大者當不易誤,小者或當失考耳。至與孔子之後孔安國相較,一爲八代,一爲十三代。張煦云:此等地方,不當僅問歷世若干,實當並考歷年多少,自孔子生年起算,至漢景末年,共四百一十年,煦照《皇極經世》等書推算。老子活幾百歲的話,雖不可盡信,總可斷定他是享壽百歲左右,或竟在百歲以上,就不能說他的子孫不享高壽。又孔子之父年已六十四,始娶孔子之母,見《史記·正義》引王肅《家語》。此語縱不足信,也不能說古人五十、六十歲不能生子。據此則以壽百歲左右的老子之子孫,歷世九代,就不能說他不能歷時四百年。古者上壽一百二十歲,中壽百歲,下壽八十歲;《莊子》謂上壽百歲,中壽八十,下壽六十;《淮南子》亦以七十僅爲中壽;孔子年七十三,其子孫十三代中,只子歷年及莊子所謂下壽,餘或五十餘歲,或四十餘歲。孔子二十歲生伯魚,照《索隱》引《家語》及《孔子世家》本文相考。其後十三代,皆不永年,定皆早世得子,則這樣的傳代,何能作爲標準比例！復查《經典釋文·敘錄》載左丘明作《春秋傳》,左丘明實亦孔子同時人。以授曾申,申傳吳起,七傳即至漢文帝時賈誼,以證老子八傳至解,有何疑問！必欲以孔子十三傳相比,就是想把萬牲園站門的長人,和小說上的王矮虎撳作一般長了,世上哪有此理！退一步說,九代人萬不能歷四百年,那末《老子列傳》說宮玄孫假的玄孫,只《爾雅·釋親》上對曾孫,下對來、玄孫,方是第四代。若單言玄孫之玄,無異遠祖之遠。《說文》:"玄,幽遠也。"

《東京賦》（東漢張衡所作）注引《廣雅》：「玄，遠也。」玄字遠字，義本相同，遠祖本是高、曾以上的祖，玄孫自然可說是曾孫以下的孫。據此，就不止八傳了。

（丁）神話之説，依上甲乙兩條，已辯之矣。

關於（二）

（甲）《論語》雖爲載孔子言行之書，然極不完備，不能以《論語》所不說，便謂孔子無此事。譬如《論語》不說孔子娶妻，便可說孔子無妻乎？況《論語》一書，原有殘缺，即如《魯論》《齊論》《古論》，篇數已各不同，《齊論》多《問王》《知道》二篇，而今失之，安知其稱美老聃之言，不在《問王》《知道》二篇之中邪？張煦云：《論語》中說老子的地方，一見於《述而》，再見於《憲問》。《述而》「竊比於我老彭」，老即是老子。《述而》二句，即孔子所引成語。老子喜用成語，其書用黃帝《金人銘》的話，已有數處，《金人銘》見於《說苑》，崔東壁指爲習黃帝者所託，但崔氏只從僞書的《家語》引出，不知據《說苑》，即見其陋。故孔子引爲同調。昔人謂孔子此語，當爲修《春秋》而發，太史述舊聞，故孔子以商、周兩史官爲比。據此，則老即老子，毫無疑義。至《憲問章》「或曰以德報怨」，此文見於《老子》，昔人謂或是指老子，其言甚是。

（乙）孔子問禮於老子，歎老子猶龍，則老子道德之説，雖與孔子不同，而孔子必深知其用意所在，故不非之。孟子學孔子者也，又安得而非之！又老子以柔勝剛，故其説孟與墨均未之攻擊。且原墨子之學，似多本於老子，兼愛即老子之慈，節用即老子之儉，其非攻、非樂之出於老子，尤爲顯然。且儒與墨反，楊亦與墨反。墨書中雖非別士，然不著非楊之篇，而有《非儒》之題，故即令墨老相違，其不著論攻之，亦猶斯耳。

關於（三）

張煦云：此條拿尼采來做例，自不煩言而解。那《曾子問》中

的老聃，拘謹守禮，有何問題？（參馬敍倫《老子校詁》引張煦《老子考異錄》稿本）

關於（四）

請試讀以下三章之詩，其憤痛爲何如？

菀彼桑柔，其下侯旬。捋采其劉，瘼此下民。不殄心憂，倉兄塡兮。倬彼昊天，寧不我矜！

四牡騤騤，旟旐有翩。亂生不夷，靡國不泯。民靡有黎，具禍以燼。嗚呼有哀，國步斯頻！

國步蔑資，天不我將。靡所止疑，云徂何往？君子實維，秉心無競。誰生厲階，至今爲梗！（《詩經・大雅・桑柔》）

此詩據《序》爲作於厲王之時，梁氏縱不信古《序》，但此爲孔子以前作品，想梁氏亦難否認。然則孔子之時，春秋之末，其民之呻吟痛苦可知；老子生於其時，發激烈之言論，又有何不可？

關於（五）

張煦云：《老子》一書，有人考過其中文字多有竄亂，但沒有全考出。若欲從他文字上定時代，必須先做一番考訂工夫，定明他孰爲原文，孰爲竄改，纔能説話。查所列除前人説過的"偏將軍""上將軍"外，其餘各處，尚不足證明所用文字曾經竄改，那裏還能拿來否認全書的時代！

（甲）古書多後人妄增，或以注文誤入正文，讀者宜分別觀之；若據一二後人誤加之説，遂斷定其書之年代，則《史記・司馬相如列傳》贊有揚雄之言，亦可援以定《史記》非司馬遷作，或司馬遷爲揚雄以後之人乎？張煦云：此節在王弼本第三十一章，本章王弼無注，文字原經竄改。考宋晁説之説，王弼注《老子》，自"佳兵者不祥之器"至"戰勝以喪禮處之"，非老子之言。明焦弱侯①説，"兵者不祥之器"下，似古之義疏雜於經者。清四庫館臣説，自"兵者不祥之器"以下至"言以喪禮處之"，似有注語雜入。前人已經見到"偏將軍""上將軍"是雜入之注疏，不成問題。

（乙）張煦云：此句舊注："取，治也。"所以説"取天下常以無事"，即"無爲而治"的意思，所以又説"及其事不足以取天下"。《廣雅·釋詁》："取，爲也。"爲、治義近，以治訓取，義非無據。

（丙）此極言其殺人之多，甚之之詞耳。如言"周餘黎民，靡有孑遺"，豈真無孑遺乎！張煦云：考筆之戰，晉侯許郤克八百乘，照每乘車一輛、馬四匹、甲士三人、步兵七十二人算，就是六萬人。八百輛車，三千二百匹馬，還有魯、衛、曹、狄四國聯軍不在内，更加上齊國抵敵的軍容，能夠説是小戰嗎？晉國的兵，從山西到山東，數千里外去打仗，中間經過衛等國，起先從齊師於莘，到"六月壬申師至於靡笄（míjī，古山名，在今山東濟南附近）之下，……齊高固入晉師，桀石以投人"，到"辛酉師陳於筆"，能夠説戰線不過三十里，戰期不過一日的話嗎？古書敘戰，往往只敘分勝負的那一天，後來史書，猶多如此，有何疑問？我們再論他的軍容，僅憑筆戰一部分的八百輛車，三千二百匹馬，那些車轍馬跡，也要把禾苗踏死，還愁不能致凶年、生荆棘嗎？至於華不注在今歷城縣，與泰安縣之泰山，相去數百里，縱是山脈相連，斷非在泰山旁邊的話！説到"三周華不注"，是左氏做文章，故《史記·齊世家》敘筆之戰，文雖同左氏，卻把這一句刪去了。

（丁）今人胸中先有成見，要將"仁義"二字，爲孟子專賣品，

---

① 焦竑(1540—1620)：字弱侯，號漪園、澹園，明南京人。萬曆十七年中狀元，授翰林院修撰，皇長子侍讀等職。爲晚明傑出的思想家、古音學家、文獻考據學家。著作甚豐，有《澹園集》《焦氏筆乘》《國朝獻徵録》《老子翼》《莊子翼》等。

故凡他書先於孟子而言仁義者，皆視爲孟子以後之書，真是豈有此理！

（戊）張煦云：考吳子壽夢①，在《春秋》絶筆前一百零四年已稱王，稍後，越亦稱王，楚更在《春秋》前稱王。老子原籍，與楚接壤，或後竟爲楚人，豈有不知楚王？在周做官，豈有不知周王？夏商周皆稱王。何以孔子同時的老子，不會用他？《易·蠱卦》："不事王侯，高尚其事。"不是早已王侯聯用嗎？《易·坎·象》："王公設險，以守其國。"《離·象》："六五之吉，離王公也。"不是王公聯用嗎？

至日本人津田左右吉著《儒道兩家關係論》，李繼煌譯，商務印書館出版。更謂原無老子其人。其所提疑問，大約與梁啓超相同。不過梁尚謂有其人，津田則並謂無其人耳。此事不須深辯，試問周秦諸子，言老子、老聃者如此之多，贊成其說者有之，反對其說者有之，彼與老子皆年代相去不遠，何以一人偽託之言，百人附和之？豈諸子皆未嘗學問者邪？由彼輩推論之方法，則雖謂孔子、孟子亦并無其人，亦未嘗不可。

三　《老子》書

《老子》之書，本不稱經，其稱經者，蓋後人所追尊，猶《離騷》亦本不名經，而後人妄尊以經名也。其書今分上下篇，八十一章，皆非本真。林希逸②云："其上下篇之中，雖有章數，亦猶《繫辭》上下然。"河上公分爲八十一章，乃曰："上經法天，天數奇，其

---

① 吳王壽夢（前620—前561）：姬姓，名壽夢（一名乘），字熟姑，亦稱攻盧王、吳興王，春秋時期吳國國君。壽夢在位期間，奠定吳國的强盛基礎，始稱吳王。
② 林希逸（1193—1271）：字肅翁，號鬳齋，又號竹溪，南宋福清（今屬福建）人。官至中書舍人。主要傳世著作有《莊子鬳齋口義》《老子鬳齋口義》《列子口義》。

章三十七；下經法地，地數偶，其章四十四。"嚴遵又分七十二章，上篇四十，下篇三十二，初非本旨，乃至逐章爲之名。皆非也。唐玄宗改定章句，以上篇言道，下篇言德，尤非也。今傳本多有異同，或因一字而盡失其一章之意者，識真愈難矣。（語出《老子廣齋口義·發題》）按《老子》一書，本雜記體，既多錯簡，而分章亦多不合，茲所論述，仍用八十一章爲標題，所以便初學，沿舊例耳。其有大相乖違者，則於解釋略言之，其詳則拙著《老學八篇·新定老子章句》一篇，較爲著明，閱者可互考焉！

四　編餘語

自來注《老子》者紛紜：大抵言養生者則視爲修養之書；言兵者則視爲陰謀之言；言佛者則視爲虛無之旨；言仙者則視爲學仙之訣：其説多怪妄不經。今細審本文，知老子之言，就哲學而論，則爲主張天演物競之説；就政治而論，則爲打倒專制政府，反對復古之學説；其對於社會生活，則主張損有餘，補不足，抑奢侈，尚儉樸，使貧富階級，不甚相縣，人之欲望，不致太奢，以求社會秩序之安寧：此其大旨也。

柱去冬有《老子集訓》之作，今春有《老學八篇》之作，皆已由上海商務印書館印行。此二書所見，已各略有不同，茲編所論述，亦復略有差異，此乃學業見解日異之故，閱者幸勿譏其矛盾！

柱於老學，其訓詁理論，皆已詳於《老子集訓》及《老學八篇》中，茲編所述，務求簡易，不遑（huáng，間暇）詳徵博引，閱者欲知其詳細者，請進而參閱彼二書焉。

此編訓詁，亦間有與前二書不同者，如"天得一以清，地得一以寧，神得一以靈，谷得一以盈"四句，天與地對，神與谷對，由是可悟谷神之"谷"，亦爲與"神"相對者，其意義當與"神"相近，而有陰陽之異。前人解"谷神"之谷爲善爲欲,解"谷得一"之谷爲山谷之谷,均未得其義。又如"大器晚成",向之解者,皆以晚爲早晚之晚,今按上文"大方無隅",下文"大音希聲"第十四章云"聽之不聞名希"。"大象無形",均"無隅"與"大方"相反,"希聲"與"大聲"相反,"無形"與"無象"相反,則"晚成"亦必與"大器"相反。"晚"從免聲,當有免義,"晚成"猶言無成,"希聲"猶言無聲,與無隅、無形文義一例。"晚"訓爲無,猶"莫"字本"日暮"本字,而訓無也。如此等等,均爲新近研究之所得,特附述於此。

十六、十一、二十三(民國十六年十一月二十三日)
陳　柱

老　子

一章
道可道，非常道；名可名，非常名。

常者，永久不變之謂。可道可名，則非永久不變。何以故？以凡道之名之，則必有對待故。如云道是生，則有生必有死，而道便當有死矣；如云道是小，則大小之相形本無定，而道之大小不可得言矣。然則一名爲道，人將問我以何謂道，我亦竟不能答也。故即道之一名，亦當不可成立，而爲便於言説計，不能不强名之爲道耳。

無名天地之始，有名萬物之母。

是故就先於天地之開闢而已有，與同天地之開闢而俱來者而想像之，則絕對不可言説、不可名狀者也。故曰："無名天地之始"。若使一著言説，則有一必有二，由是一生二、二生三、三生萬物，而宇宙之内，形形色色，乃不可窮極矣。故曰："有名萬物之母"。

故常無欲，以觀其妙，常有欲，以觀其徼。

欲，讀如《莊子·知北游篇》"欲言而忘其所欲言"之欲。無欲，謂忘然無思念，無意識。妙，讀如《易經》"妙萬物而爲言"之妙，謂生天地萬物之道也。徼，謂分徼，萬物之分界也。《史記·黥(qíng)布列傳》注云："徼，謂以木石水爲界者也。"是徼有異義。道既不可得名，故吾人唯有忘然無思無識，以觀無名之妙而已，此形上之學也。此重乎修養而頓悟，故曰："常無欲以觀其妙。"若就天地萬物而論，則當窮思極慮，以究萬物之異同，此形而下之學。如今之科學，最重分析者也，故曰："常有欲以觀其徼。"

此兩者同，出而異名。

兩者，指上所言始與母，及妙與徼也。謂以道觀之，本無區別，以物觀之，始生區別也。故曰"此兩者同出而異名"也。

同謂之玄，玄之又玄，衆妙之門。

是故就其同者而言，則可謂之玄。《說文》"玄"字作𤣥，從宀，從8，象以宀8覆之之形。8者，小也，而以宀覆之，此天地未開闢之原子，不可分別，不可名狀，不可言說也，故謂之玄。玄之又玄，則此原子之中，又有爲之原子者焉。愈推愈小，以至不可思念，不可意識，此則衆妙之所自出者也。

二章
天下皆知美之爲美，斯惡已；

天下事物，如美惡、大小、長短、苦樂等，莫非對待比較而生，故有美斯有惡矣,有大斯有小矣,有長斯有短矣,有樂斯有苦矣。故嚴復云:"試舉一物爲喻,譬如空氣,爲生物所不可少,然不覺眼前食氣自由之爲幸福也。使其知之,則必有失氣之惡。"(《老子評語》)故曰:"天下皆知美之爲美斯惡已。"

皆知善之爲善,斯不善已。故有無相生,難易相成,長短相較,高下相傾,音聲相和,前後相隨。

此舉有無、難易、長短、高下、音聲、前後等相對待、相比較之事,以例美惡及善不善也。音聲猶音響。

是以聖人處無爲之事,行不言之教。

有美則有惡,有樂則有苦,而求美去惡,願樂舍苦,此天下人之常情,而天下乃從此多事矣。此物質文明愈進步,而天下所以愈難治也。故聖人欲矯之者,唯有處無爲之事,行不言之教而已。不言者,謂不以此善惡苦樂相號召,使民忘於美惡苦樂之間,如魚之在水而忘水也。魚在水忘水,則如無水,民在治忘治,則如無治。故曰:"處無爲之事。"無爲非不爲事也,如天地之生物,順乎生生之自然,物不知其所以得生,而天地亦不自知其所以生之也。

萬物作焉而不辭,生而不有,爲而不恃,功成而弗居。夫唯弗居,是以不去。

天地生物,既本乎自然,則物之生也不得不生,故曰:"作焉而不辭。"生非己德,故曰:"生之而不有。"生之長之,不知其所以然,故曰:"爲而不恃。"因物而爲,功成非己,故曰:"功成而弗居。"夫"居"與"去"亦對待之事也。既已不居於前,又孰從而去之於後。故曰:"夫唯弗居,是以不去。"此數句當是他章之錯簡,本書爲初學而作,故一照舊本,以免紛更,而解之於此。

三章
不尚賢,使民不爭;不貴難得之貨,使民不爲盜;不見可欲,使民心不亂。

　　賢也、難得之貨也、可欲也,此三者,亦對待比較之物也。不尚賢,不以智識階級壓迫群衆也;不貴難得之貨,不以物質文明迷惑群衆也。兩者既無,則心無可欲而不亂,故不至釀成階級之革命矣。

是以聖人之治,虛其心,實其腹,弱其志,強其骨,常使民無知無欲,使夫智者不敢爲也。爲無爲,則無不治。

　　聖人有鑒於此,故其爲治也,常虛其心,使無可欲,故其生活之程度,不至逐日增高;常實其腹,使不患饑寒,故生活之事,不至於常感困難;弱其志,則不至冒險而犯天下之不韙;強其骨,則可以努力於工作。如是則民常無知無欲,不惑於外物,則雖有智巧者,亦無所資以爲亂矣。如此爲治,乃爲於無爲,一切皆自由平等,斯無不治矣。

四章
道沖

　　沖,《說文》引作盅,云:"器虛也。"

而用之或不盈，淵兮似萬物之宗。挫其鋭，解其紛，和其光，同其塵。

　　此章專形道體。挫鋭四句，語意不類，當從馬叙倫説，定爲五十六章錯簡，解見彼章。

湛兮（深也）似或存，吾不知誰之子，象帝之先。

　　道之本體，既不可得而言，則其原始亦不可得而説，只覺其似爲造物之先而已，不能知其從誰所出也。帝，王弼云："謂天帝。"然此所謂帝，乃自然之代稱，非宗教家所謂上帝者比也。嚴復云："此章專形容道體，當玩兩'或'字與兩'似'字，方爲得之。蓋道之爲物，本無從形容也。"

五章
天地不仁，以萬物爲芻(chú)狗；聖人不仁，以百姓爲芻狗。

　　不仁，謂任其自然，無仁恩之心也。芻狗，祭時所用之物，未用時貴之，既用則棄之，簡言之，謂已故則可棄也。天地生物，譬如草木，春生秋落，當生而榮，已落則棄而不可復用，明春復生，亦已非此日之花葉矣。聖人於民，亦復如此，何者？蓋今日之百姓，已非昔日之百姓，明日之百姓，又非今日百姓，故古之政教，非所以用於今，今之政教，亦非所能用於後也。或曰：《詩經・天保》"群黎百姓"，《毛傳》云："百姓，謂百官族姓也。"《老子》此章之百姓，當作百官解爲最適。百官者，政教之所寄也。以百官爲芻狗，官府政教，不可因襲也。此老子反對復古之説也。故莊子常以此詆儒家之稱先王、説仁義。

天地之間，其猶橐(tuó)籥(yuè)乎！虛而不屈，動而愈出。

　　王弼云："橐，排橐。籥，樂籥也。橐籥之中空洞，無情無爲，故虛而不得窮屈，動而不可竭盡也。天地之中，蕩然任自然，故不可得而窮，猶橐籥也。"柱按：此謂天地之間，以空虛而能容物，以動力而能生物也。此四句，似宜別爲一章。

多言數窮，不如守中。

　　《莊子·齊物論》云："彼亦一是非，此一亦是非，是亦一無窮，非亦一無窮。"夫是非無窮，則吾窮矣，故不如守中也。數亦多也，多言數窮，猶云多言多窮。此二句亦宜自爲一章。

六章
谷神不死，是謂元牝。元牝之門，是謂天地根。緜緜若存，用之不勤。

　　嚴復云："以其虛，故曰谷。以其因應無窮，故稱神。以其不屈愈出，故曰不死。三者皆道之德也。然猶是可名之物，故不爲根。若乃其所以出者，則真不二法門也。"柱謂：此章言生天地萬物之本者也。最應注意者爲"不死""若存""不勤"三語。不死而已，非生也，若云生，則必有死矣。故《列子》云："不生者能生生，不化者能化化。"又云："生物者不生，化物者不化。"《列子·天瑞》》《列子》之"不生"，即釋《老子》之"不死"，不死非生，則不生亦非死也。存而非存，故能不屈愈出；非存而存，故能萬物畢有，故曰若存。若存云者，非存非亡之謂也。若云是存，則有亡矣；若云是亡，則天地萬物何從而生？故曰若存也。不勤者，以生而不生,存而非存之故也。若是生物,則從幼而老,從老而衰,從衰而死,非用之不勤者矣。

七章
天長地久,天地所以能長且久者,以其不自生,故能長生。

天地能生萬物,然而天地非自生也,即《列子》所謂"生生者不生"之意。唯其不自生,故異於物之自生者而能長生。此云長生,亦即上章不死之意,與尋常之所謂生者異也。

是以聖人後其身而身先,外其身而身存,非以其無私邪?故能成其私。

聖人治國亦如此,不自先其身而身常先,不自存其身而身常存,以其無私,故能成其私。喻如有寶器然,私於一家,則出於一家之外爲失矣;私於一國,則出於一國之外爲失矣;若私於天下,則將安所失乎?此聖人所以無私以成其私也。而或者釋爲以退爲進,目爲陰謀,則誤矣。

八章
上善若水,水善利萬物而不爭,處衆人之所惡,故幾於道。

此以水喻聖人不自私,忘己利物,而不與人爭也。人人皆欲爭其所好,而避其所惡,故不留餘地,而豪强兼併,所得者少數人之得,而所失者乃不可勝數也。嗟乎!此帝國主義所以不容於今之世也!上章"天地不仁,以萬物爲芻狗,聖人不仁,以百姓爲芻狗",嚴復謂爲"天演開宗語"。然則老子固非不知物競天擇之説者,而常以不爭教人,蓋深知人類之安寧,在於人類之互助。互助之道,必基於謙讓之德,凡異種異國之人,固不得視如毒蛇猛獸之必出於爭也。此吾國孔老之道所長者在此,而中國今日所以不振者亦在此。要之,公理所在,固必有伸之一日也。

居善地,心善淵,與善仁,言善信,正善治,事善能,動善時。

"居善地"七句,疑當別爲一章。或云:此四句皆聖人利物不爭之實。李載贄①説。

夫唯不爭,故無尤。

九章
持而盈之,不如其已;揣而梲之,不可長保;金玉滿堂,莫之能守;富貴而驕,自遺其咎:功遂身退天之道。

老子之學,期乎一切平等,故戒持盈以見官位階級之不可恃;戒揣鋭,以見智識階級之不可恃;戒金玉滿堂,以見資本階級之不可恃;非提倡階級革命也,使夫不爲之已甚以消患於無形,弭禍於未成耳。故曰:"功遂身退天之道。"夫若是,則何恃之有?

十章
載營魄抱一,能無離乎?專氣致柔,能嬰兒乎?滌除玄覽,能無疵乎?愛民治國,能無爲乎?天門開闔,能爲雌乎?明白四達,

---

① 李贄(1527—1602):初姓林,名載贄,後改姓李,名贄,字宏甫,號卓吾,別號温陵居士。明福建泉州人。累官至姚安知府。棄官後,講學於黄安、麻城。學宗泰州學派,以異端自居。後下獄,自刎死。主要著有《焚書》《續焚書》《藏書》等。

能無知乎？

《楚辭‧遠游》："載營魄而登遐兮。"王注："抱我靈魂而上升也。"以抱訓載，以靈魂訓營魄，此漢人故訓。《莊子‧庚桑楚篇》載：

> 南榮趎問老子云："若趎之聞大道，譬猶飲藥以加病也。趎願聞衛生之經而已！"老子曰："衛生之經，能抱一乎？能勿失乎？能無卜筮而知凶吉乎？原作"吉凶"，據王念孫改作"凶吉"。能止乎？能已乎？能舍諸人而求諸己乎？能翛然乎？能侗然乎？能兒子乎？兒子終日嗥又作"號"，音同。而嗌不嗄，和之至也；終日握而手不掜，共其德也；終日視而目不瞚，偏不在外也。行不知所之，居不知所爲，與物委蛇而同其波，是衛生之經矣。"南榮趎曰："然則是至人之德已乎？"曰："非也。是乃所謂冰解凍釋者，能乎？夫至人者，相與交食乎地，而交樂乎天，不以人物利害相攖，不相與爲怪，不相與爲謀，不相與爲事，翛然而往，侗然而來，是謂衛生之經矣。"曰："然則是至乎？"曰："未也。吾固告汝曰，能兒子乎，兒子動不知所爲，行不知所之，身若槁木之枝，而心若死灰。若是者，禍亦不至，福亦不來，禍福無有，惡有人災也？"

此《莊子》純釋《老子》。《莊子》之"抱一""勿失"，即《老子》之"抱一勿離"也，謂神魂精一，不惑於外物也。"兒子終日嗥而嗌不嗄，和之至也；終日握而手不掜，共其德也"云云，即老子"專氣致柔"之說也。"無卜筮而知凶吉"，郭象注云："當則吉，過則凶，無所卜也。"（《南華真經注疏‧庚桑楚》）即《老子》"滌除玄覽能無疵"之說也。俞樾云："唐景龍碑作'愛民治國能無爲，天門開闔能爲雌,明白四達能無知',其義並勝,當從之。"(《諸子平議・老子》)然則《莊子》"舍諸人而求諸己",即"愛民治國能無爲"之説也。天門,羅振玉云:"敦煌丙本'門'作'地'。"(《道德經考異》上卷)然則《莊子》"交食乎地,交樂乎天"云云,即《老子》"天門開闔能爲雌"之説也。"兒子動不知所爲,行不知所之"云云,即《老子》"明白四達能無知"之説也。此章專言衛生之道。

生之畜之,生而不有,爲而不恃,長而不宰,是謂玄德。

　　馬敍倫謂"生之畜之"以下,與上文義不相應,此文爲五十一章錯簡。柱按:馬説是也。

十一章

三十輻(fú,車輪之輻條)**共一轂**(gǔ,支撑車輻與車軸之圓木),**當其無,有車之用;埏**(shān)**埴以爲器,當其無,有器之用;鑿户牖**(yǒu,窗)**以爲室,當其無,有室之用。故有之以爲利,無之以爲用。**

　　埏,和也;埴,土也。轂以中空而能受軸,器以中空而能容物,室以中空而能居人,而所以成此三者,木也、埴也、壁也。非空,則三者不能用,然無木、埴、壁,則三者不能成,而空終不能賴之以爲用也。故曰:"有之以爲利,無之以爲用。"

十二章

五色令人目盲;五音令人耳聾;五味令人口爽;馳騁畋獵,令人心發狂;難得之貨,令人行妨。

　　爽,傷也。此極言物質文明之害。蓋物質文明愈進步,則人之馳逐於聲色貨利者日甚,於人可使之目盲、耳聾、口爽、心狂,而不能自已。積之,則國家社會之治安秩序,終受莫大之影響。貨利之所至,小者竊物,大者竊國,而天下乃擾攘不安矣,此今日所以有階級革命之恐怖也。故總之曰:"難得之貨,令人行妨。"行妨與目盲、耳聾、口爽等對文。

是以聖人爲腹不爲目,

然則聖人之爲治可知矣,宜使之能實其腹而不迫於饑寒,弱其志而不惑於奢侈,則富人不以奢侈炫天下矣,而貧民亦不至因受生活之壓迫挺而爲亂矣。故曰:"爲腹不爲目。"

故去彼取此。

十三章
"寵辱若驚,貴大患若身。"

二語爲古語,老子引而解釋之。

何謂寵辱若驚? 寵爲下,

"寵爲下"句,當從俞樾説,據陳景元本作"寵爲上,辱爲下"。謂人所以受寵辱若驚者,因以寵辱有上下之分,故有得寵失寵之驚,受辱亡辱之驚耳。向使寵不以爲寵,辱不以爲辱,孰得而驚之乎!(語出《諸子平議‧老子》)

得之若驚,失之若驚,是謂寵辱若驚。何謂貴大患若身? 吾所以

有大患者,爲吾有身,及吾無身,吾有何患!故貴以身爲天下,若可寄天下,愛以身爲天下,若可託天下。

　　至於貴與大患,莫如有身,蓋所貴莫如生,而生有不可得,大患莫如死,而死終不可免。然此皆以此身爲己有者也。《莊子》:"汝身非汝有也,乃天地之委形。"(語出《南華眞經注疏·知北游》)知乎此,身非己有,乃天地之所有;忽然而爲人,固在天下;化爲異物,亦在天下。生非吾生,故生不足貴;死非眞死,故死何足患。是"貴以身爲天下"而常生於天下;"愛以身爲天下"而長存於天下也。故曰:"貴以身爲天下,若可寄天下,愛以身爲天下,若可託天下。"嚴復謂"若"字作"如此乃"三字解。柱按:此二"若"字,宋河上本均作"者則"二字。

十四章

視之不見名曰夷,聽之不聞名曰希,搏之不得名曰微:此三者不可致詰,故混而爲一。

　　此章言道之本體。蓋就物而觀之,則有視而見者、聽而聞者、搏而得者;自道觀之,則視之而不可見,聽之而不可聞,搏之而不可得。易順鼎[①]云:"搏當作摶(tuán),宋陳摶字希夷,即取此義。"夷,希微之稱,亦不過强字以至小之名爾。夫既不可見、不可聞、不可得,則無分於視聽與搏矣。故曰:"此三者不可致詰,故混而爲一。"

---

① 易順鼎(1858—1920):字實甫、實父、中碩,號懺綺齋、眉伽、晚號哭庵、一廣居士等,龍陽(今湖南漢壽)人。以詩名,爲"寒廬七子"之一。著有《琴志樓編年詩集》等。

其上不皦(jiǎo),其下不昧,繩繩不可名,復歸於無物,是謂無狀之狀,無物之象。

混而爲一,此所謂道也。不爲形器所囿,視之而不可見,故曰不皦。皦者,明也。然而物由之而見,故曰不昧。非明非昧,似有非有,似無非無,故曰:"繩繩不可名,復歸於無物。"此無物之物,唯滌除玄覽,可以觀其妙,故名爲無狀之狀,無象之象也。

是謂惚恍,迎之不見其首,隨之不見其後。

李嘉謀①云:"惚恍者,出入變化,不主故常之謂也。其來無始,故迎之不見其首,其去無終,故隨之不見其後。"(轉引自《老子翼》卷一)

執古之道,以御今之有。能知古始,是謂道紀。

執古御今者,謂自有史以來,遞演遞進,人事進化之跡,治亂起伏之機,莫不由簡而繁,由古之世而可遞變至於今,則由今之世而遞變之者,皆可以預測而知所以御之之術。故曰"執古之道,以御今之有"也。俗儒或誤解爲復古,古字從十從口,謂十口相傳者也,謂有史以來也。古始則有史之前,雖不可得知,然以古之演爲今,則亦可以知古始之演爲古。逆而推之,則天地剖判之初,不亦可以意想而得乎! 故曰:"能知古始,是謂道紀。"自"執古"以下,文義與上不應,宜別爲一章。馮振②云:"執古之

---

① 李嘉謀:生卒年不詳,宋人,有《元始説先天道德經注解》《道德真經義解》傳世。
② 馮振(1897—1983):字振心,自號"自然室主人",原名馮汝鐸,廣西北流人。知名的教育家、中國古典文學研究專家、詩人。

道，猶言'執古之無'，老子書之'道'與'無'一也，'古之無'與下'今之有'對文。"(《老子通證·上》)

十五章
古之善爲士者，微妙元通，深不可識。

"士"字當從俞樾説，據宋河上本作"上"。(《諸子平議·老子》)此形容古時得道之君，其爲天下，微妙玄通，深不可識也。

夫唯不可識，故强爲之容：豫焉若冬涉川，猶兮若畏四鄰；儼兮(敬也，矜莊貌)**其若客，渙兮**(流散，解也)**若冰之將釋，敦兮其若樸；曠兮其若谷，混兮其若濁。**

"强爲之容"以下七句，皆形其爲天下態度：若冬涉川者，不敢妄進，所以爲常天下先也；若畏四隣者，守柔弱，所以保剛强也；若客者，自卑下，所以保高也；若冰之釋者，自損蔽，所以保堅實也；若樸者，自虧缺，所以保其盛全也；若谷者，不敢盛盈，所以保其賢也；若濁者，處濁辱，所以保其新鮮也。讀《老子》此等處，最當注意"若"字，倘不注意"若"字，則常在濁辱卑弱而無以自存矣。吾國古來之讀《老子》者，皆多忽視此字者也；而間有注意及者，則又以爲陰謀之説，欲取先予，而不知若之爲言，有似是而非之意。其曰若濁，則原非濁而爲新鮮；曰若樸，則原非樸而爲盛全，其意甚明。然則若濁、若樸云者，謂不以新鮮盛全矜人，雖新鮮而若濁，雖盛全而若樸耳。然則本自新鮮，非陰謀以取新鮮；本自盛全，非陰謀以取盛全。不過居新鮮盛全之地，而以若濁、若樸之態度，不以階級凌人，不以階級炫人，使民心不亂，而爭亂不起耳。此老子之術，所以内剛强而外柔弱也。

孰能濁以靜之徐清；孰能安以久動之徐生。

安，定也。生，進也。此二句當作"孰能晦以理之徐明，孰能濁以靜之徐清，孰能安以動之徐生"説見拙章《老學八篇·新定老子章句》，兹不贅，謂使民之晦者而能明，濁者而能清，安者而能生之道，在乎理之、靜之、動之，使之徐而不疾，漸而不驟，順其自然而不知其所以然也。故政教遞進，而革命之事可以免。何者？蓋政爭流血之慘，必一方面有使其政教之不得進者，故一方又必欲使之突進，此所以有内戰也。老子有見，故以謂晦者固宜使之明，濁者宜使之清，安者固宜使之生，然而理之、靜之、動之之道，當詳慎而徐爲之也。孰能者，言其難能也。

保此道者不欲盈。

此道，謂徐明、徐清、徐生之道也。行此道者，亦不欲其盛盈。盛盈，則傾而不能行矣。此亦貴謙下之道也。

夫唯不盈，故能蔽不新成。

"能蔽不新成"，《淮南子》作"能蔽而不新成"（《淮南子·道應訓》），景龍本作"能蔽復成"。今按上文文義，當作"能蔽而復成"，謂如此者，雖蔽而能使之復成，則濁可以使之復清，亂可以使之復治也。

十六章

致虛極,守靜篤,萬物並作,吾以觀復。

此謂凡有起於虛,動起於靜。吾人於道,亦當致虛之極至,守靜之真正。

夫物芸芸,各復歸其根。

不觀於萬物乎?動作生長,萬變千化,而試觀其復,則芸芸者終各歸其本根。歸根者何?亦靜而已。靜者,復其本根之命也。老子蓋謂物之生,有其生時之命,其未生時,亦自有其命。生之盡而歸根,則亦復其未生時之命而已。生時之命,其動作生長,人所見也,故可謂之動;而未生之命,則人所不能見也,故謂之靜。故曰:"歸根曰靜,是謂復命。"

歸根曰靜,是謂復命。復命曰常。

根乃天地生物之原,古今萬物之所同歸而不變者也。故曰:"復命曰常。"

知常曰明。不知常,妄作凶;

人為萬物之一,其生固不能無死,然苟使能知此常,則可謂明乎不生不死之道者矣。反是者,則自傷物化,莊子所謂"大冶必以為不祥之金,造化必以為不祥之人"者也。(語出《莊子·大宗師》)故曰:"不知常,妄作凶。"

知常容,容乃公,公乃王,王乃天,天乃道,道乃久,

容者,無所不包。公者,蕩然公平。"王"字當從馬敍倫説爲"周"之壞體。(《老子校詁》卷一)周者,無不周普。天者,至大無外。本《説文》至高無上之意。道者,"先天地生而不爲久,長於上古而不爲老"。二句見《莊子•大宗師篇》。故曰:"道乃久"。

没身不殆。

誠如是,則"天地與我並生,萬物與我爲一"《莊子•齊物論》語,則"大浸稽天而不溺,大旱金石流土山焦而不熱"矣《莊子•逍遙游篇》語,又孰得而殆之。故曰:"没身不殆。"孔子所謂"朝聞道,夕死可矣"者,其是之謂歟!

十七章
太上下知有之,其次親而譽之,其次畏之,其次侮之。

"下知有之",胡適謂《永樂大典》本、吳澄本,皆作"不知有之",日本本作"下不知有之"。柱按:《韓非•難三篇》及《淮南子•主術訓》均與舊本同,則舊本是也。此謂太上之民,止知有其應得之賞罰,不言説其是非也。唯其次者方譽其是,又次者乃畏其非,最下者乃侮其非矣。夫政府而至於使人侮,則不足以爲政府矣。

信不足,焉有不信焉,悠兮其貴言。功成事遂,百姓皆謂我自然。

馬其昶①本無兩"焉"字。云:"其讀爲豈。信不足而盟誓作,是貴言也。若夫功成而民不知,豈貴言哉!"(《老子故》)

十八章
大道廢,有仁義;慧智出,有大僞;六親不和,有孝慈;國家昏亂,有忠臣。

太平之世,安有忠臣?安樂之家,豈有孝子?然則覿忠臣之可貴,必其國之昏亂矣;覿孝子之可貴,必其家之不和矣;然則知仁義之可貴,則天下必不仁義者矣。是猶魚知水之可貴,則必已有失水之患者矣。蓋老子之意,以爲道德人人平等,無所比較,故不見有仁義。仁義之生,必人與人有不平等者,相比較而後見也。

十九章
絕聖棄智,民利百倍;絕仁棄義,民復孝慈;絕巧棄利,盜賊無有;此三者以爲文不足。

此承上章之意,而欲去仁義之世之有階級時代,而反於道德之世之無階級時代也。然聖智也、仁義也、巧利也,三者皆比較而生之事。倘能使天下之人皆聖智,則聖智無所見矣;使天下之人皆孝慈,則仁義無所見矣;使天下之人皆巧利,則巧利無所見矣。此亦絕聖棄智、絕仁棄義、絕巧棄利之法也。何也?《考工

---

① 馬其昶(1855—1930):字通伯,晚號抱潤翁,安徽桐城人。師從方宗誠、吳汝綸和張裕釗,被稱爲桐城派殿軍。辛亥革命後,擔任清史館總纂。治經《易》宗費氏,《詩》宗毛氏,《書》宗《大傳》。又精研老莊、屈賦。主要著作有《三經誼詁》《老子故》《莊子故》《屈賦微》,文集有《抱潤軒文集》《抱潤軒遺集》等。

記》云："粵無鎛，燕無函，非無鎛也，非無函也，夫人而能爲鎛也，夫人而能爲函也。"老子之絕，亦若此而已。然天下人至不齊也，則此三者之文明，安能使天下之皆齊一滿足乎？故曰"此三者以文不足"也。下章"絕學無憂"句，宜據易順鼎説，移在此章"絕聖棄智"句之上。(《讀老札記》卷上）蓋此章四"絕"字，文本一律也；"三者"之"三"，當改爲"四"字。

故令有所屬，見素抱樸，少私寡欲。

夫既不能使之足矣，則決不能專以此三者炫惑天下，而當令天下之民有所屬矣。於何屬之？則見素抱樸，少私寡欲是矣。如是則不惑天下之人以奢侈，而天下之人亦無有受階級之壓迫者，故不致釀成階級之革命矣。

二十章

絕學無憂。

此句當在上章，見上章注。嚴復謂絕學固無憂，顧其憂非真無也。處憂不知，則其憂等於無耳。非洲駝鳥之被逐而無覆之也，則埋其頭於沙，以不見害己者爲無害。老氏絕學之道，豈異此乎！

唯之與阿，相去幾何？善之與惡，相去若何？

阿者，訶之借字。訶者，唯之反；惡者，善之反。在衆人則喜唯憎訶，爭喜舍惡，而自達人觀之，則一耳。

人之所畏，不可不畏。荒兮其未央哉！

　　然人之所畏者，禍患也，吾豈獨不畏乎！故曰："人之所畏，不可不畏。"然禍福之來，不可測量，故曰："荒兮其未央哉。"然則吾與衆人，當知所處之異矣。以下即屢以衆人與己對舉，見己與衆人之異。

衆人熙熙，如享太牢，如春登臺，我獨泊兮其未兆，如嬰兒之未孩，儽儽兮，若無所歸。

　　享太牢、春登臺，言衆人迷於美進，惑於榮利，欲進心競也。泊兮未兆，如嬰兒之未孩，言我獨廓然無形之可名，無兆之可舉，如嬰兒之未能孩者然也。馬其昶本"孩"作"咳"，云："笑也。"咳、孩同字。若無所歸者，對春登臺而言，衆人如春登臺，而我獨若無所宅也。

衆人皆有餘，而我獨若遺，

　　衆人皆有餘，而我獨若遺，謂衆人無不有懷有志，盈溢胸中，而我獨無爲無欲，若遺失之者也。

我愚人之心也哉，沌沌兮。俗人昭昭，我獨昏昏，俗人察察，我獨悶悶；澹兮其若海，飂兮若無止。

　　衆人昭昭，耀其光明，我獨昏昏，自居黑暗；衆人察察，競爲分別，我獨悶悶，自居混沌。故我獨能澹兮若晦而情不可覩，"海"字當作"晦"，王注云"情不可覩"，則本作晦也。飂兮若無所止而無所繫也。飂，音聊。

衆人皆有以，而我獨頑似鄙。

以，用也。"頑似"當作"頑以"，猶頑而。謂衆人皆欲有所施用，而我獨頑而鄙，若無所識者。此皆我所以異於人，而貴乎食母也。

我獨異於人，而貴食母。

食母，生之本也。謂我獨貴生民之本，衆皆貴末飾之華也。此章諸"如""若"等字，亦不可忽視。

二十一章
孔德之容，惟道是從。

道、德二字，混言則一，析言之則有表裏之異。蘇轍云："道無形也，及其運而爲德，則有容矣。故德者，道之見也。"《《道德真經注·孔德之容章》》孔，河上注云："大也。"德爲道之見，則大德之容，惟道是從矣。

道之爲物，惟恍惟惚；惚兮恍兮，其中有象；恍兮惚兮，其中有物；窈兮冥兮，其中有精；

以上八句，形容道體。有象之物，方圓是也；有物之物，金石是也；有精之物，草、木、蟲、人是也。

其精甚真，其中有信，

以夷、希、微之德,而函三有,甚眞故可觀妙,有信故可觀徼,爲一切之因而有果可以驗。物之眞信,孰愈此者!

自古及今,其名不去,

至眞之極,不可得名,無名則是其名也。自古及今,無不由此而成,故曰"自古及今,其名不去"也。

以閱衆甫。

王弼云:"衆甫,萬物之始也,以無名閱萬物始也。"柱按:王注閱字,原本作"說",當是閱之譌字。以無名閱萬物始,即首章"無名天地之始","常無欲以觀其妙"之意。

吾何以知衆甫之狀哉?以此。

二十二章
曲則全,枉則直,窪則盈,敝則新,少則得,多則惑。

嚴復云:"多少二句,開下抱一。一者天下之至少,亦天下之至多。"

是以聖人抱一爲天下式。

王弼云:"式,猶則也。"

**不自見,故明;不自是,故彰;不自伐,故有功;不自矜,故長。夫唯不爭，故天下莫能與之爭。古之所謂曲則全者，豈虛言哉！誠全而歸之。

莊子論老子之學，曰："人皆求福，己獨曲全。"曰："苟免於咎。"（《莊子·天下篇》）苟免即曲之意。曲者不求全而能自全，由是推之，雖枉而直，雖窪而盈，雖敝而新，以其有抱一之道，無人我之分也。無人我之分，則不爭，不爭則自處於一曲，而留其餘以處人。人與己各有所處，則各免於爭。非惟不爭也，我有讓於人，人亦且奉於我，是之謂全。此章言處身之道，亦第八章"處衆人之所惡"之意。

二十三章
希言自然。

希言自然，即前所謂不言之教，無爲之事也。孔子曰"予欲無言"，即希言也。"天何言哉，四時行焉，百物生焉"（《論語·陽貨》），即自然也。

故飄風不終朝，驟雨不終日，孰爲此者，天地，天地尚不能久，而況於人乎！

天不言而四時自行，百物自生，天之恒也；飄風驟雨，非其恆也，故不可久。

故從事於道者，同於道，德者同於德，失者同於失。同於道者道亦樂得之，同於德者德亦樂得之，同於失者失亦樂得之。

同，謂玄同，不分別，不矜異也。道德仁義禮，玄同則得之，分別矜異則失之。下篇"失道而後德，失德而後仁，失仁而後義，失義而禮"，即此失字也。老子上道德，而下仁義禮，而又曰"失者同於失"，失即指仁義禮也。然則老子之薄仁義禮，薄其自分別、自矜異耳。若本玄同之道，以從事焉，雖於道德爲失，而於仁義禮亦未嘗不樂得之也。

信不足，焉有不信焉。

宜從馬敍倫説，此二句爲十七章錯簡。

二十四章

企(提腳跟)**者不立，跨者不行；自見者不明，自是者不彰；自伐者無功，自矜者不長。其在道也，曰餘食贅行。物或惡之，故有道者不處。**

此章言違反自然，嚴復謂反明二十二章之意。餘食者，食而病者也。贅行者，行而異者也。自見、自是、自伐、自矜，皆害其前功，猶畫蛇添足，不惟無功，且以失酒矣。劉師培[1]云："食當爲德，德與行對。"(《老子斠補》柱謂："食"讀如《尚書·堯典》"食哉"之"食"。孫星衍[2]彼注云："《釋詁》：'食，偽也。'""偽"與"爲"通，

---

[1] 劉師培(1884—1919)：字申叔，號左盦，江蘇儀征人。時與章太炎齊名，曾與廖平共同主持四川國學學校，後任教北京大學。經學(以小學、左傳學爲主)、史學、文學專著七十四種，收入《劉申叔先生遺書》。

[2] 孫星衍(1753—1818)：字淵如，號伯淵，清江蘇陽湖(今江蘇武進)人。著名藏書家、目錄學家、書法家、經學家。袁枚稱他爲"天下奇才"。著有《周易集解》《尚書今古文注疏》《平津館文稿》等。

二十五章

有物混成,先天地生,寂兮寥兮,獨立不改,周行而不殆,可以爲天下母,吾不知其名,字之曰道,强爲之名曰大,

傅奕本"字"上有"强"字。道本不可得道,而謂之道者,强字之耳。王弼曰:"吾所以字之曰道者,取其可言之稱最大也。"責其字定之所由,則繫於大,大有繫則必有分,有分則失其極矣。故强爲之名曰大。

大曰逝,逝曰遠,遠曰反。

不守一大體,周行無所不至,故曰逝。逝,行也。不偏於一逝,周行無所不窮極,故曰遠。遠,極也。反者,嚴復云:"不反則改,不反則殆,此化之所以無往不復也。"

故道大,天大,地大,王亦大。

"王"字當從《説文》改作"人",下"王"字同。人爲萬物之靈,爲天演中最進化之物。故曰:人亦大。

域中有四大,而王居其一焉。人法地,地法天,天法道,道法自然。

熊季廉[①]云:"法者,有所範圍而不可過之謂。"(引自嚴復《老

---

① 熊元鍔(1879—1906):字季廉,號惠元,江西南昌人。師從嚴復,后多從事實業。

子評語》》王弼云："人不違地，乃在全安，法地也。地不違天，乃得全載，法天也。天不違道，乃得全覆，法道也。道不違自然，乃得其性。法自然者，在方而法方，在圓而法圓，於自然無所違也。自然者，無稱之言，窮極之辭也。用智不及無知，而形魄不及精象，精象不及無形，有儀不及無儀，故轉相法也。"江衡①謂天地一物也，猶卵爲一物，白者天而黃者地也。萬物生天地間，父天而母地，子無不肖父母者。地居天中，南北二點，正當天之兩極；天包地外，其體渾員，此爲生物之本體。動物皆卵生，人與獸雖胎生，胎在腹中，亦似卵，故小而至於昆蟲之子，皆爲卵生。卵形員，元氣渾淪，一小天地，則肖其本體也。植物之實皆員，則亦各肖焉。瓜李橘柚之屬，其兩端且肖兩極。桃梅杏棗之屬，其核兩端正當外之兩極，尤爲確肖。核爲地而外爲天，合天地氣以生物，故合天地形以成形。此章亦形容道體。嚴復云："老謂之道，《周易》謂之太極，佛謂之自在，西哲謂之第一因，佛又謂之不二法門，萬物所由起訖，而學問之歸墟也。不生滅，不增減，萬化皆對待，而此獨立，萬物皆遷流，而此不改。"

二十六章

重爲輕根，靜爲躁君。

王弼云："凡物輕不能載重，小不能鎮大，不行者使行，不動者使動，是以重必爲輕根，靜必爲躁君也。"嚴復云："二語物理之公例，執道御時，則常爲靜動者矣。"

---

① 江衡：生卒年不詳，清代數學家，元和（今蘇州）人。譯、著有《中西算學業鈔》《勾股演代》等。

是以聖人終日行不離輜重；雖有榮觀，燕處超然。

李温陵(李贄)云："有輜重則雖終日行而不爲輕，何也？以重爲之根也。常燕處，則雖榮觀而不爲躁，何也？以靜爲之君也。"(《老子解注》卷上)

奈何萬乘之主，而以身輕天下？輕則失本，躁則失君。

"本"字當從俞樾説據《永樂大典》本改作"根"，與君韻。(《諸子平議·老子》)

二十七章

善行無轍跡，善言無瑕讁(zhé，過錯)，善數不用籌策，善閉無關楗而不可開，善結無繩約而不可解。

嚴復云："《南華·養生主篇》，即此章注疏。其所以善行、善言、善數、善閉、善結，皆不外依乎天理。然何以能依天理，正有事在也。"

是以聖人常善救人，故無棄人；常善救物，故無棄物；是謂襲明。

嚴復又云："管夷吾得此，故能下令如流水之源，又能因禍以爲福，轉敗以爲功。"

故善人者不善人之師，不善人者善人之資。

馬其昶云："見不善非徒以爲戒，又必教之使善，然後吾之善

量足,是不善人正善人爲善之資。"(《老子故》)

不貴其師,不愛其資,雖智大迷;是謂要妙。

二十八章
知其雄,守其雌,爲天下谿,爲天下谿,常德不離,復歸於嬰兒;知其白,守其黑,爲天下式,爲天下式,常德不忒,復歸於無極;知其榮,守其辱,爲天下谷,爲天下谷,常德乃足,復歸於樸。

王弼云:"雄,先之屬;雌,後之屬也。知爲天下之先者,必後也,是以聖人後其身而身先也。谿不求物,而物自歸之,嬰兒不用智,而合自然之智。"嚴復云:"守雌者必知雄,守黑者必知白,守辱者必知榮,否則雌矣、黑矣、辱矣,天下之至賤者也,其足貴乎?今之用老者,只知有後一句,不知其命脈在前一句也。"

樸散則爲器,聖人用之,則爲官長。故大制不割。

王弼云:"樸,真也。真散則百行出,殊類生,若器也,聖人因經文'聖人用之',當從俞説據王注改作因。其分散,故立爲官長,以善爲師,不善爲資,移風易俗,復使歸一也。"吕惠卿云:"樸者,真之全而物之渾成者也。渾成未爲器,則無施不可。器之爲物,能大而不能小,能短而不能長,能圓而不能方,故聖人用之以爲官長而已。若夫抱樸以制天下者,視天下之理,猶庖丁之解牛,游刃有餘地,何事於割哉!"(語出《道德真經傳》)

二十九章
將欲取天下而爲之,吾見其不得已。

此言爲天下爲不得已之事。取者,取而臨涖之也。《莊子・在宥篇》:"故君子不得已而臨涖天下。"即其義。

天下神器,不可爲也,爲者敗之,執者失之。

老子以天下爲神器,猶斯賓塞以國群爲有機體也。嚴復説。不可爲者,王弼云:"萬物以自然爲性,故可因而不可爲也,可通而不可執也。"夫爲國亦若是而已。時乎皇則皇,時乎帝則帝,時乎王則王,時乎伯則伯,時乎立憲則立憲,時乎共和則共和,當其勢之至,唯有因之、通之而已。若非至其時而早爲之,或既至其時而固執之,其爲敗與失,必不能免。何也?違乎自然之則也。

故物或行或隨,或歔(xū)或吹,或强或羸,或挫或隳,是以聖人去甚去奢去泰。

歔氣煖,吹氣寒。挫字當從宋刊河上本作"載"。行與隨、歔與吹、强與羸、載與隳,皆對待之義。有甚行則必有甚隨,有甚强則必有甚羸,由是推之,有甚富則必有甚貧,有甚得則必有甚失,有甚榮則必有甚辱,有甚樂則必有甚苦,而天下乃多故矣。是以聖人去甚去奢去泰也。

三十章
以道佐人主者,不以兵强天下,其事好還,師之所處,荆棘生焉,大軍之後,必有凶年。

此反對侵略主義之説也。佐,景龍碑作"作",主詞雖異,意無大異也。觀於近日德國之敗,其好還者驗矣。

善有果而已,不敢以取强,果而勿矜,果而勿伐,果而勿驕,果而不得已,果而勿强。

故治兵者,以止戈濟難爲武,王弼云:"果,猶濟也。"不以兵力侵略天下也。夫止戈濟難,不得已之兵也。故曰:"果而不得已,果而勿强。"

物壯則老,是謂不道,不道早已。

夫物壯必老,兵驕必敗,故軍閥盛大之日,即其崩潰之時。故曰:"是謂不道,不道早已。"此章與下章多錯簡,參考拙著《老學八篇·新定老子章句》。

三十一章
夫佳兵者不祥之器,物或惡之,故有道者不處。君子居則貴左,用兵則貴右,兵者不祥之器,非君子之器,不得已而用之,恬淡爲上。

佳,當從王念孫説改作"隹"。隹,古唯字也。此亦暢發非戰主義。

勝而不美,而美之者,是樂殺人,

美之者是樂殺人,孟子所謂"善戰服上刑"也。

夫樂殺人者,則不可以得志於天下矣。

孟子曰:"不嗜殺人者能一之。"(《孟子·梁惠王上》)夫樂殺人者,是嗜殺人也,烏能一之!

吉事尚左,凶事尚右,偏將軍居左,上將軍居右,言以喪禮處之。殺人之衆,以哀悲泣之,戰勝以喪禮處之。

自吉事尚左以下,文意淺陋,不類《老子》。當是上文"君子居則貴左,用兵則貴右"之舊注,而誤入正文者。

三十二章
道常無名,樸雖小,天下莫能臣也,侯王若能守之,萬物將自賓。

俞樾云:"常通尚。"嚴復謂樸者,物之本質,爲五蘊六塵之所附,故樸不可見,任爾如何,所見所覺,皆附樸之物塵耳。臣官皆器也,樸散而後可臣。夫重靜樸之德也,爲輕根,爲躁君,我守其主,則萬物又安得而不賓哉!

天地相合,以降甘露,民莫之令而自均。

王弼云:"言天地相合則甘露不求而自降,我守其真性無爲,則民不令而自均也。"

始制有名,名亦既有,夫亦將知止,知止可以不殆,

王弼謂"始制"言樸散始爲官長之時也。始制官長,不可不立名分,以定尊卑,故始制有名也。過此以往,將爭錐刃之末。故曰"名亦既有,夫亦將知止"也。遂任名以號物,則失治之母,故知止可以不殆也。

譬道之在天下，猶川谷之於江海。

　　馬其昶云："水止於江海，則不溢；人止於道，則不殆。"(《老子故》)柱按：此章多錯簡，文氣不能一貫，訂正文字，見拙著《老學八篇・新定老子章句》。

三十三章
知人者智，自知者明；

　　《韓非子・喻老篇》："莊子曰：'臣患智之如目也，能見百步之外，而不能自明其睫。'"又云："故知之難，不在見人，而在自見。故曰：自見之謂明。"

勝人者有力，自勝者強；知足者富；

　　老子於道於學，則虛其心而常若不足，所以受之也。於財利，則貴乎知足，而不強求。何者？貧窮二字，從比較而生，日進數金之人，見日進百金者，則自覺不足，而慕彼有餘矣。及其日進百金，則亦自覺其百金之不足，而慕他人之日進千金者矣。以是遞進，雖累千萬，其不足如故，其貧如故也，此世界所不能安寧也。唯有道者則不然，簞食瓢飲，曲肱而枕，樂在其中，所須既少，所欲易足，故雖儋（dàn）石之儲（猶言少量財富），亦常覺其富也。大抵不足則爭，爭則物質之文明必進步，而世界殺戮之禍亦愈烈。足則不爭，而物質亦不易進步，人類殺戮之禍，亦可以稍戢（jí，收斂），此兩派互有得失。然大抵爲學爲道，則常以不足爲心；而一人之享受，則恆以足爲本，則可免於患。此讀《老子》者所當知者也。

强行者有志；

志士界説在此，惟强行者爲有志，亦惟有志者能强行。孔子曰"知其不可而爲之"，孟子曰"强恕而行"，又曰"强爲善而已"。德哲葛爾第曰："所謂豪傑者，其心目中有常人所謂斷做不到者。"凡此皆有志者也，中國之將亡，坐無强行者耳。

不失其所者久；死而不亡者壽。

萬物與我爲一，何失之有？天地與我並生，何亡之有！

三十四章
大道氾兮其左右，萬物恃之而生而不辭，功成不名有，衣養萬物而不爲主。

此言大道汎濫，無所不至。綿綿若存，用之不勤，故萬物恃之而生而不辭。功成不居，故功成不名有。道法自然，故衣養萬物而不爲主。

常無欲，可名於小；萬物歸焉而不主，可名爲大；以其終不自爲大，故能成其大。

無思無慮始知道，故道本不可思不可慮，故曰："常無欲，可名於小。"萬物之來由是，其歸也亦於是，一任自然，而使之不知孰爲之主者，故曰："可名爲大。"簡而言之，蓋謂大道無所不至，謂之左也可，謂之右也可，謂爲物之始也可，謂爲物之終也可，謂之小也可，謂之大也亦可，無所不可，斯所以爲大也。

三十五章

執大象，天下往，

王弼云："大象，天象之母也，不寒不熱，不溫不涼，故能包統萬物，無所犯傷。"嚴復云："人皆有所執，特非大象。大象，道也，即上章萬物之所歸者。"柱謂此老子崇尚民主政體之説也。蓋君主政體之所恃以生存者，恃其有爲主焉者爾，使其無此主焉者，則其基本已壞，將不打而自倒矣。主焉者何？則"功成名有""衣養萬物而爲之主"是也。

往而不害，安平太。

嚴復云："安，自繇（同"由"）；平，平等；太，合群也。"

樂與餌，過客止。

今街市賣餅者尚作樂以招致兒童，老子云"樂與餌，過客止"，知古時亦如此，故老子舉以爲喻也。樂有聲可聞，餌有味可食，而皆有形可覩，故足以止過客。

道之出口，淡乎其無味，視之不足見，聽之不足聞，用之不足既。

惟道則不然，其出口也淡然無味，視之不見，聽之不聞，若無所用者，故不足以止過客。然其無所不用，而用之乃不可既。

三十六章

將欲歙之，必固張之；將欲弱之，必固强之；將欲廢之，必固興之；

將欲奪之,必固與之。是謂微明。

　　此老子揭破陰謀家之術,以戒人處張、強、興之勢,所當謹慎者也。蓋謂有大焉,將欲歙爾而固張爾,將欲弱爾而固強爾,將欲廢爾而固興爾,將欲奪爾而固與爾者,是謂微明之術,不可不留意也。

柔弱勝剛強,

　　故唯自守柔弱,使人不得而張之,不得而強之,則可以無禍矣。故曰:"柔弱勝剛強。"

魚不可脫於淵,國之利器不可以示人。

　　此微明之詐術,乃聖知之遺存,故《莊子・胠篋篇》釋之曰:"聖人不死,大盜不止。"雖重聖人以治天下,則是重利盜跖也。故曰:"魚不可脫於淵,國之利器不可以示人。"彼聖人者,天下之利器也,非所以明天下也。蓋自聖知之術明於天下而聖知之用乃廢,猶魚之脫於淵矣。

三十七章
道常無爲而無不爲,

　　此言天演之自然演進也。夫由無形而有形,由有形而萬物,由萬物而有生動,由生動而有人類之靈,何一而非天演物競交互而來?然雖曰物競,而此物競之由來,亦何一而非自然之力?即專就政治而論,由部落而帝皇,由帝皇而民主,亦何一而非自然之演進？即今之聲光化電，窮極人工，且無論利用者無一而非自然之物，即此聰明材力之人工，而何嘗不從天演之自然而出？故曰"道常無爲而無不爲"也。

侯王若能守之，萬物將自化；

是故世運之推遷，歷久而進，此乃自然之事。爲國者侯王即古爲國者。止宜守其自然之則，因而爲之，則萬物自然莫不進化矣。故曰："侯王若能守之，萬物將自化。"

化而欲作，吾將鎭之以無名之樸；

然天下事物，莫非對待，利之所在，即害之所從生，文明愈進，而人之慾望亦愈增，則天下之人不得厭其欲望者衆矣。故天下必不免乎亂，小則國家之侵伐，大則階級之競爭，其殺戮之烈，又何一而非文明進化之賜。故善爲國者於此，又必思有以鎭之。故曰："化而欲作，吾將鎭之以無名之樸。"

無名之樸，夫亦將無欲；不欲以靜，天下將自定。

鎭之以無名之樸者，不示天下以奢泰，使天下之人不惑於外物之可欲，不至常受生活之壓迫，則或可以免於亂。故曰："不欲以靜，天下將自定。"

三十八章
上德不德，是以有德；下德不失德，是以無德。

天地生物，德之至大也，而天不自以爲德，物亦不知其德。此上德不德，所以爲德也。帝皇君臨天下，務欲施德於民，使之歌功頌德，而愛戴己焉，是利用之術，交易之道，非真德也。此下德不失德，所以爲無德也。

上德無爲而無以爲，下德爲之而有以爲，上仁爲之而無以爲，上義爲之而有以爲，上禮爲之而莫之應，則攘臂而扔之。

　　"上德無爲"句，當從俞樾説據《韓非子》改作"上德無爲而無不爲"，如天地之生物，無爲也，而萬物無不成，是無不爲也。下德爲之而有以爲者，帝皇之施德於民，原欲使民戴己，是有以爲也。上仁爲之而無以爲者，如見嫂溺則不禁援之以手，而不及計較其合禮與否是也。仁者，人也，其字從二人，謂爲人而非爲己也。一有計較之心，則救與不救，必審乎宜與不宜，是不免爲己矣，此上義爲之而有以爲也。義者，宜也，其字從羊我。羊者，善也，謂當審於己，宜與不宜，善與不善。仁義行，則有德之之心矣。德之之心，無所表見，故聖知復爲禮以表之。其始也莫之應，聖智乃恭讓其手足而爲之，於是久之而民遂相率而循於禮，則禮之有爲益甚矣。仁義與禮，言上不言下者，上者如是，則下者可不言而喻矣。

故失道而後德，失德而後仁，失仁而後義，失義而後禮。

　　道本無名，至德則已有名矣。德者，萬物同焉皆得，而不知其所以得之謂也。此指上德，下德同於上義，不得謂之德矣，故曰不德。及其得而有不能同焉者，則大小多寡苦樂之事以起，而後救災濟難之事以興，如嫂不溺則無救之之仁，必待其溺而後有救之之仁也。故曰："失德而後仁。"宜與不宜，計較之心既生，則所爲之仁，亦不過爲己。故曰："失仁而後義。"禮者，又仁義之表也。譬如父母，以物給子，則子不必揖讓以謝，若在君臣朋友，則揖讓之禮生矣。又父母以物給子，必不念報答，若在君臣朋友，則報答之禮生矣。故曰："失義而後禮。"

夫禮者，忠信之薄，而亂之首，

　　報答之禮既生，則贈而不報，謂之失禮。於是報答之物，若有不稱，則不能無怨怒之念，而天下之亂，乃由是起矣。故曰："禮者，忠信之薄，而亂之首"也。

前識者，道之華，而愚之始；

　　聖人爲禮之始，俯仰跪拜，人必苦之，而不易聽從，故必假神權以爲之，曰事神則降福，降福則當報。故古文禮字作礼，从示从乚，示事神，乚象人跪而事神也。小篆禮作禮，从示从豊，豊者祭器，以物享神也。禮既起於神權，而求福免禍，乃恆人之常情，於是卜筮、圖讖、堪輿、相人之術以起，人皆迷信之，欲其前識，以免於禍，而古來之帝皇，所爲以神道設教，藉神權以愚人之術也。故曰："前識者，道之華而愚之始。"

是以大丈夫處其厚不居其薄，處其實不居其華，故去彼取此。

　　此可見老子革命之思想。

　　三十九章
昔之得一者，天得一以清，地得一以寧，神得一以靈，谷得一以

盈，萬物得一以生，侯王得一以爲天下貞。

　　嚴復云：“是各得之一，即道之散見者也，即德也。”柱謂言昔之得一者，推原其始也。一者，惟初太極，道立於一，即無爲而無不爲之道，謂天演自然之力也。故天得此一以輕清上浮，地得此一以重濁下寧，神得此一以爲靈，谷得此一以爲盈，萬物得此一以爲生，侯王得此一以爲天下貞，此謂天演之力。由天地開闢，演進而爲生命之源，再演進而爲動植之物，由動植之物，再演進而爲人類之靈，而人類又由部落而有政府成國家也。又上篇以"谷神"連稱，此以神與谷對舉。神與谷對舉，猶上文天與地對舉也。《説文》訓神爲天神引出萬物，則神屬於天，由是可知谷屬於地。神从申，義主引申，谷从口，義主吸受，谷神二字必指陰陽二性生殖之精與器而言。

其致之，

　　"其致之"三字，當從馬叙倫説爲古注誤入正文者。

天無以清將恐裂，地無以寧將恐發，

　　劉師培云：“發，讀爲廢。《説文》：'廢，屋頓也。'”(《老子斠補》)

神無以靈將恐歇，谷無以盈將恐竭，萬物無以生將恐滅，侯王無以貴高將恐蹶。

　　"侯王"句當從劉師培説改爲"侯王無以貞將恐蹶"。

故貴以賤爲本，高以下爲基。

故,同"夫",此別爲一章,與上文氣不相蒙。嚴復云:"以賤爲本,以下爲基,亦民主之説。"

是以侯王自謂孤寡不穀,此非

此非,當從河上本作"此其"。

以賤爲本耶?非乎?故致數輿無輿,

"輿"當從高延第説據《莊子·至樂篇》作"譽"。成玄英《莊子疏》云:"至譽以無譽爲譽。"(《南華真經注疏·至樂》)是至譽無譽,正與上文侯王自謂孤寡不穀相承。

不欲琭琭(lù,玉有光澤)**如玉,珞珞**(luò)**如石。**

珞珞,一作落落,喻多也,多則爲人所賤。馬其昶云:"人佩玉而棄石,故琭琭落落,顯然易別。"(《老子故》)

四十章
反者道之動,

此謂天下之物,必有對待,有生則必有死,有成則必有毀,有高則必有下,有貴則必有賤,反復變動,不可究詰,此道之自然也。故曰:"反者道之動。"

弱者道之用。

凡物之有血氣者皆有爭心，道尚無爲，則不爭而守其雌。故曰：“弱者道之用。”

天下萬物生於有，有生於無。

王弼云：“天下之物，皆以有生。有之所始，以無爲本。”嚴復云：“無不真無。”

四十一章
上士聞道，勤而行之；中士聞道，若存若亡；下士聞道大笑之，

道可道，非常道，道安得而聞乎！“無思無慮始知道，無處無服始安道，無從無道始得道”，此三語見《莊子·知北游篇》。道安得而勤行乎！而此所以云云者，爲世人說法，不得不爾，此道之所以不可道。不可道，又不得不道，故强而道之如此也。嚴復謂勤而行之者，不特有志也，亦其知之甚真，見之甚明之故。大笑者，見其反也。若存若亡者，知而未真，見之未明也。

不笑不足以爲道。故建言有之：

“言”字下當從閔本增“者”字，“之”字下當從紀昀説從一本增“曰”字。王弼云：“建，猶立也。”

明道若昧，進道若退，夷道若纇(lèi)，

夷，平也。《左傳》服（謂服虔）注：“纇，不平也。”纇與夷正相反。

上德若谷，

　　谷，下也，與上反。

大白若辱，廣德若不足，建德若偷，

　　偷者，媮(tōu)之借，靡也。媮與建反。

質真若渝，

　　渝，變也。與真反。

大方無隅，大器晚成，

　　晚者，免之借。免成，猶無成，與上文之無隅，下文之希聲、無形一例，無隅與大方相反，希聲與大音相反，無形與大象相反，故知免成與大器相反也。晚借爲免，義通於無，猶莫本朝暮本字，而訓爲無也。

大音希聲，

　　"希"讀如第十四章"聽之不聞名曰希"之希。

大象無形，道

　　馬敘倫云："道借爲大，聲之誤也。"馬説非也。道謂大道，舉道包大，故不云大道也。下文接云"夫唯道"，正承此道字。

隱無名。夫唯道，善貸且成。

柱按：《莊子·齊物論》云："其分也成也，其成也毀也，凡物無成與毀，復通爲一。"此道之所以善貸且成也。此章諸"若"字亦不可忽。

四十二章
道生一，一生二，二生三，

前章云"有生於無"，此云"道生一"，然則老子所謂無者，道也。此道也，名之爲有，則不可見、不可聞；名之爲無，則有之所從生。故《莊子·知北游篇》云："予能無有矣，而未能無無也。及爲無有矣，何從至此哉。"嚴復云："道，太極也。降而生一，言一則二形焉，二者形而對待之理出。故曰：二生三。"

三生萬物。萬物負

負，《淮南子·道應訓》引作"背"。

陰而抱陽，沖氣以爲和。

吳澄①云："萬物之生，以此沖氣，則既生之後，亦必以沖氣爲用，乃爲不失其所以生之本。"(《道德真經注》)

---

① 吳澄(1249—1333)：字幼清，晚字伯清，元江西撫州(今江西樂安)人。宋亡後隱居家鄉，潛心著述，後仕元至經筵講官。元代傑出的理學家、經學家。主要著作有《易纂言》《禮記纂言》《易纂言外翼》《書纂言》《儀禮逸經傳》《道德真經注》等，有《吳文正公全集》。

人之所惡,唯孤寡不穀,而王公以爲稱。故物或損之而益,或益之而損。

"人之所惡"句至此,必爲三十九章之錯簡。"人之所惡"至"王公以爲稱",當接"非乎"之下,"故物或損之"二句,當接"無譽"下。詳《老學八篇·新定老子章句》。

人之所教,我亦教之,強梁者不得其死,吾將以爲教父。

馬其昶云:"周《金人銘》云'強梁者不得其死',此古人之所以教人者,吾亦教之。故舉其語而贊之曰:'吾將以爲教父。'言當奉此銘若師保也。"柱按:自"人之所教"下二十一字,與上文意不應,當別爲一章。

四十三章
天下之至柔,馳騁天下之至堅,無有入無間,

嚴復云:"承上章強梁者不得其死而反言之。"又云:"無有入無間,惟以太耳。"

吾是以知無爲之有益。不言之教,無爲之益,天下希及之。

柱按:此章多是他章錯簡,説詳《老學八篇》。

四十四章
名與身,孰親?身與貨,孰多?得與亡,孰病?是故甚愛,必大費;多藏,必厚亡。

王弼云：“甚愛不與物通，多藏不與物散，求之者多，攻之者衆，爲物所病，故大費、厚亡也。”

知足不辱，知止不殆，可以長久。

嚴復云：“知足、知止，兩知字大有事在。不然，亦未可以長久也。”

四十五章
大成若缺，其用必蔽；大盈若沖，其用不窮；大直若屈，大巧若拙，大辯若訥，躁勝寒，靜勝熱，清靜爲天下正。

此章諸“若”字，亦當注意。若之云云，則其非真可知。世人皆爭於成，而我則若缺以處之，世人皆爭於盈，而吾則若沖以用之，則吾之成與他人之成不相妨，而成乃可以不弊矣；吾之盈與他人之盈不相害，而盈乃不窮矣。直、巧與辯，亦若斯而已矣。凡物動則生熱，靜則生寒，故人當寒時則躁動可以勝寒；人當熱時，則寧靜可以勝熱，常於其反而勝之。然則天下之躁熱甚矣，我以清靜鎮之，方可以爲天下正也。自“躁勝寒”以下，亦當別爲一章。

四十六章
天下有道，卻走馬以糞；

畢沅云：“‘糞’下，張衡《東京賦》有‘車’字。”（《老子道德經考異》卷下）王弼云：“天下有道，知足知止，無求於外，各修其内而已。故卻走馬以治田糞也。”

天下無道,戎馬生於郊。禍莫大於不知足,咎莫大於欲得,故知足之足常足矣。

四十七章
不出户,知天下;不闚牖,見天道。

王弼謂事有宗而物有主,途雖殊而同歸也,慮雖百而其志一也。道有大常,理有大致,執古之道,可以御今,雖處於今,可以知古始。故不出户、闚牖而可知也。

其出彌遠,其知彌少。是以聖人不行而知,不見而名,不爲而成。

出彌遠、知彌少,不可與上文反對看。作反對看,其義淺矣。其知所以彌少者,以爲道固日損也。夫道無不在,苟得其術,雖近取諸身,豈有窮哉!而行徹五洲,學窮千古,亦將但見其會通,而統於一而已矣。是以不行可知也,不見可名也,不爲可成也,此得道者之受用也。

四十八章
爲學日益,爲道日損,

李嘉謀云:"爲學所以求知,故日益;爲道所以去妄,故日損。知不極則損不全,故日益者所以爲日損也。"(《道德真經義解》卷三)嚴復云:"日益者,内籀(zhòu。归纳推理)之事也;日損者,外籀(演繹)之事也。其日益也,所以爲日損也。"

損之又損,以至於無爲,無爲而無不爲。取天下常以無事,及其有事,不足以取天下。

四十九章
聖人無常心,以百姓心爲心,

"聖人"句當從景龍本、敦煌本去"常"字爲更善。老子提倡民主之學説也。

善者吾善之,不善者吾亦善之,德善;信者吾信之,不信者吾亦信之,德信。

民主之治,取決多數,故衆之所善,其善者吾固善之,其不善者吾亦善之而已。信與不信亦如是觀。

聖人在天下,歙歙爲天下渾其心,

"歙歙"句,馬敍倫云:"《老子》本文當作歙歙焉、渾渾焉。"(《老子校詁》)

聖人皆孩之。

句上當從《釋文》本增"百姓皆注其耳目"句。此謂聖人之在天下,歙歙焉、渾渾焉,無所用心,而於百姓耳目之所注,則如慈母之於嬰孩焉,固無所不至也。

五十章
出生入死,生之徒十有三,死之徒十有三,人之生,動之死地亦十

有三；

　　韓非子云："人之身三百六十節，四肢九竅，其大具也。此十三具者之動靜盡屬於生，屬之謂徒也。故曰：生之徒十有三。至其死也，此十三具者，皆還而屬之死。故曰：死之徒亦十有三。凡人之生，此十三具者必動，動極則損，損而不止，則生盡，生盡之謂死。故曰：民之生，生而動，動皆之死地，亦十有三。"以本《韓非子》原文而有刪改。（語出《韓非子·解老》）

夫何故？以其生生之厚。

　　夫由生而至於死者何也？以既已爲生，則不能無生生之物，譬如食焉，所以使人之生而動也，而動極則損，損極則生盡而歸於死，則生生者乃所以爲死，此人之所不能免者也。然則其生生之愈厚者，其動也愈甚，而損也亦愈速。故曰："以生生之厚。"

蓋聞善攝生者，陸行不遇兕（sì，古謂雌犀牛）虎，入軍不被甲兵，兕無所投其角，虎無所措其爪，兵無所容其刃，夫何故？以其無死地。

　　《莊子·人間世篇》云："時其飢飽，達其怒心，虎之與人異類，而媚養己者順也，故其殺者逆也。"夫去其生生之厚，則於物無奪，而能去其所厚者以養物，是順物之性而不逆者也，孰從而害之？夫生生之厚，死地也。無生之厚，故無死地。

五十一章
道生之，德畜之，物形之，勢成之。

道者,由也,萬物由是而生者也。故曰:"道生之。"德者,得也,萬物得是而後有生者也。故曰:"德畜之。"由是賦形而爲物,而此形之所以成,又由乎天地動靜之力。故曰"勢成之"也。勢者,力也。

是以萬物莫不尊道而貴德。道之尊,德之貴,夫莫之命而常自然。故道生之,德畜之,長之育之,亭之毒之,

《説文》:"亭,民所安定也,引申有安定義。"《廣雅·釋詁》:"毒,安也。"

養之覆之。生而不有,爲而不恃,長而不宰,是謂元德。

五十二章
天下有始,以爲天下母;既得其母,以知其子;既知其子,復守其母;

蘇轍云:"無名天地之始,有名萬物之母,道方無名,則物之所資始也。及其有名,則物之所資生也,故謂之始,又謂之母。其子,則萬物也。聖人體道以周物,譬如以母知其子,了然無不察也。雖其智能周之,然未嘗以物忘道,故終守其母也。"(《道德真經注》)柱謂母者一而爲子者衆,得母知子,舉一反三之術也;知子守母,御繁以簡之道也。

没身不殆。塞其兑,閉其門,終身不勤。開其兑,濟其事,終身不救。

高延第①云:"兑,口也。口爲言所從出,門爲人所由行。塞之閉之,不貴多言,不爲異行,循其自然,不勞而理,即復守其母之事也。尚口者窮,多爲者敗,徒長詐僞,無益於事,故不救。"《老子證義》)柱按:此亦當别爲一章,與上文義不相應。

見小曰明,守柔曰强,用其光,復歸其明,無遺身殃,

見小則重分析,而見事理也明;守柔則不誇大,而能自强也久。用其光則知白,故雖涅(niè,可做黑色染料之石)而不至淄(zī,黑色);歸其明則守黑,故雖"絜"(jié,同"潔")而不立異。如是則不至於爲善近名,爲惡近刑矣。

是爲習常。

習,一本作襲。馬敍倫云:"襲、習古通。"高延第云:"襲,因也。"常,常道。

五十三章
使我介然有知,行於大道,唯施是畏。

此謂使吾人介然有知,行於大道,固似甚善也,而無如其易趨於施何!施者,邪也。蓋大道可行而不可使之介然有知,介然有知,則爭端起矣。

---

① 高延第(1823—1886):字子上,號槐西居士,清江蘇山陽(今江蘇淮安)人。主講奎文書院,教授生徒,諄諄以治經學爲重。其著述有《淮安府志》《老子證義》《廣韻重文補注》《論文要旨》等。

大道甚夷,而民好徑。朝甚除,田甚蕪,倉甚虛,服文綵,帶利劍,厭飲食,財貨有餘:是謂盜夸,

嚴復云:"今之所謂文明者,自老子觀之,其不爲盜夸者亦少矣,此社會黨、虛無黨所以日衆也。"柱按:"盜夸"當從《韓非子》改作"盜竽"。竽先則鍾瑟皆隨,大姦唱則小盜和。二句本《韓非子·解老篇》。富者愈有餘、愈豪奢,則貧者欲得之、奪之之心亦彌甚,故曰盜竽。

非道也哉?

句中"也"字一本無。柱按:有者是也,"也"字即"施"之假字,或"施"之壞體,即上"行於大道唯施是畏"之施。非道也哉,謂盜竽即盜之施者也。

五十四章
善建者不拔,善抱者不脱,

《韓非子》云:"一其趨舍,雖見所好之物,不能引之,謂之不拔。一於其情,雖有可欲之類,神不爲動之謂不脱。"《韓非子·解老》

子孫以祭祀不輟,修之於身,其德乃真;修之於家,其德乃餘;修之於鄉,其德乃長;修之於國,

"國"字當從蘇時學①說作"邦",與下"豐"字爲韻。

---

① 蘇時學(1814—1874):清山東滕縣人,官至内閣中書、奉直大夫。主要著作有《墨子刊誤》《羊城游記》《爻山筆話》《鐔津考古録》等。

其德乃豐；修之於天下，其德乃普。故以身觀身，以家觀家，以鄉觀鄉，以國觀國，以天下觀天下。

此即孔子之"忠恕"，孟子"善推所爲"之義。以我身觀人身，而他人之情得；以我家觀他家，而他家之情亦得；由是鄉國天下，莫不可通。墨子兼愛非攻之義，最與此同。

吾何以知天下然哉？以此。

自"修之於身"以下，與上文義不相應，當別爲一章。

五十五章

含德之厚，比於赤子，蜂蠆（chài，蠍子類毒蟲）**虺**（huǐ，小蛇）**蛇不螫，猛獸不據，攫**（jué）**鳥**（謂猛禽）**不搏，骨弱筋柔而握固。**

蜂蠆虺蛇不螫，當從宋河上本、閔本作"毒蟲不螫"。赤子無求無欲，不犯衆物，故毒蟲之物無犯之。人也含德之厚者，不犯於物，故無物以損其全也。

未知牝牡之合而全

全，本作"朘"，赤子陰也。

作，精之至也；終日號而不嗄（shà，嘶啞）**，和之至也。知和曰常，知常曰明，益生曰祥，**

祥爲"殃"之假借，《墨子》書"降之百殃"。畢沅以爲"祥"之異文,非是。殀,歾也。生不可益,益之則殀,故《莊子》云:"常因其自然而不益生。"

心使氣曰强,物壯則老,謂之不道,不道則已。

五十六章
知者不言,言者不知。

"知者"二句,當從馬敘倫説定爲第八十一章錯簡。

塞其兑,閉其門,

"塞其兑"二句,亦當從馬説,定爲五十章錯簡。

挫其鋭,解其分,和其光,同其塵,是謂玄同。

光、塵義相反,知鋭、分義亦相反。分,物之大而可分者也。《説文》:"坋(fèn),塵也。"坋從分聲,是分有大義之證。鋭小者挫之,則無所特高,粗大者解之,則無所特大。和其光,則無所特顯,同其塵,則無所特賤。是所謂玄同也。

故不可得而親,不可得而疏,不可得而利,不可得而害,不可得而貴,不可得而賤,故爲天下貴。

五十七章
以正治國,以奇用兵,以無事取天下。吾何以知其然哉? 以此,

高延第謂"此"字指下八句。

天下多忌諱,而民彌貧;民多利器,國家滋昏;人多伎巧,奇物滋起;法令滋彰,盜賊多有。

此四者,專制政體之真相也。

故聖人云:我無爲而民自化,我好靜而民自正,我無事而民自富,我無欲而民自樸。

惟其如此,故唯民主共和足以治之。此老子主張共和之説也。

五十八章
其政悶悶,其民淳淳;其政察察,其民缺缺。

王弼云:"言善治政者無形、無名、無事、無政可舉,悶悶然卒至於大治。故曰:其政悶悶也。其民無所爭競,寬大淳淳,故曰:其民淳淳也。立名刑,明賞罰,以檢姦僞,故曰察察也。殊類分析,民懷爭競,故曰:其民缺缺。"

禍兮福之所倚,福兮禍之所伏,孰知其極? 其無正,

三字衍文。詳見《老學八篇》。

正復爲奇,善復爲妖,人之迷,其日固久。

禍福倚伏，正奇反復，而世人止知福之爲福，而不知福之爲禍也。故曰："人之迷，其日固久。"

是以聖人方而不割，廉而不劌(guì,割)**，直而不肆**(sì,任意妄爲)**，光而不耀。**

方則有隅，有隅則割。不割與方反，不劌與廉反，不肆與直反，不耀與光反。

五十九章
治人事天莫若嗇，

《韓非子》云："嗇之者愛其精神，嗇其知識也。衆之人用神也躁，躁則多費，聖人用神也靜，靜則少費。"(《韓非子·解老》)

夫唯嗇，是爲早服，

《韓非子》云："衆人離離，古通'罹'。於患，陷於禍，猶未知退而不服於道理。聖人雖未見禍患之形，虛無服從於道理，以稱蚤服。"(《韓非子·解老》)蚤與"早"通。

早服謂之重積德，

《韓非子》云："知治人者其思慮靜，知事天者其孔竅虛，思慮靜故德不去，孔竅虛則和氣入。故曰：重積德。"(《韓非子·解老》)

重積德則無不克，

《韓非子》云："積德而後神靜，神靜而後和多，和多而後計得，計得而後能御萬物。故曰：無不克。"(《韓非子・解老》)

無不克則莫知其極，

《韓非子》云："其術遠則衆人莫見其端末，是以莫知其極。"(《韓非子・解老》)

莫知其極可以有國，有國之母，

《韓非子》云："母者，道也。道也者，生於所以有國之術，故謂之爲有國之母。"(《韓非子・解老》)

可以長久，是謂深根固柢，長生久視之道。

六十章
治大國若烹小鮮。

王弼云："不擾也，躁則多害，靜則全真，故其國彌大而其主彌靜，然後可能廣得衆心矣。"

以道蒞(莅)天下，其鬼不神；非其鬼不神，其神不傷人；非其神不傷人，聖亦不傷人。

此謂以道蒞天下，則一切之神權宗教，昔日以爲可以禍福民而藉之以愚民者,均失其用也。不特神權宗教失其用,即聖人之刑賞,昔日視爲可以生死人而藉以威民者,亦失其作用也。故曰:神不傷人,聖亦不傷人。"非其神不傷人"句,當從陶鴻慶①説,去"非其"二字。《讀諸子劄記·老子》》王弼釋之云:"猶云不知神之爲神,亦不知聖人之爲聖也。夫恃威綱以使物者,治之衰也。不知神聖之爲神聖,道之極也。"此説深得老子之旨。蓋專制之國用威權,而民主則否,一以平等爲歸,何威權之有?

夫兩不相傷,故德交歸焉。

自"以道蒞天下"至末,當別爲一章。

六十一章
大國者下流,天下之交,天下之牝,牝常以靜勝牡,以靜爲下。故大國以下小國,則取小國;小國以下大國,則取大國。故或下以取,或下而取。大國不過欲兼畜人,小國不過欲入事人。夫兩者各得其所欲,大者宜爲下。

柱按:此章文義淺陋,不似《老子》文,疑是戰國權謀家所增。

六十二章
道者,萬物之奧,善人之寶,不善人之所保。

李哲明云:"善人自與道親,固寶夫道,不善人雖與道遠,而

---

① 陶鴻慶(1859—1918):字癯石,號艮齋,江蘇鹽城人,主要在本縣擔任教育會長,從事文教事業。主要著作有《讀諸子劄記》《讀禮志疑》《左傳別疏》《讀通鑒劄記》。

恃之而生,亦保於道。"

美言可以市尊,行可以加人。

俞樾云:"《淮南子·道應訓》《人間篇》引此文並作'美言可以市尊,美行可以加人。'是今本脱一美字。"(《諸子平議·老子》)柱按:此二句當別爲一章。

人之不善,何棄之有?故立天子,置三公,雖有拱璧(有拱之璧,謂大璧)**,以先駟馬,不如坐進此道。古之所以貴此道者何?不曰以求得,有罪以免耶?**

自"故立天子"句至"免耶"文義淺陋,不似《老子》文。

故爲天下貴也。

此句當次"不善人之所保"下。

六十三章
爲無爲,事無事,

此云爲無爲,事無事,則謂爲於無爲之中,事於無事之處甚明,豈如後人之所謂無爲乎!

味無味,大小多少,

"大小多少"四字,疑當作"爲多於少"。其"大小"二字,則下文"爲大於細"之譌(é,同"訛")挩(tuō,同"脱")。

報怨以德,

"報怨以德"句,當從馬敘倫説在七十九章"和大怨"上。

圖難於其易,爲大於其細。天下難事必作於易,天下大事必作於細,是以聖人終不爲大,故能成其大。夫輕諾必寡信,多易必多難,是以聖人猶難之,故終無難矣。

六十四章
其安易持,其未兆易謀,其脆易泮(pàn),其微易散。

王弼云:"此四者皆説慎終如始也。不可以無之故而弗持,不可以微之故而不散也。無而弗持則生有焉,微而弗散則生大焉,故慮終之患如始之禍,則無敗事。"

爲之於未有,治之於未亂。合抱之木,生於毫末;九層之臺,起於累土;千里之行,始於足下。

熊季廉云:"萬物生遂成長,唯有一定之秩序,莫知其然而然。莊子曰'作始也簡,將畢也鉅'(語出《莊子·人間世》),足與此章相發明,此物理歷史之公例也。"(引自嚴復《老子評語》)

爲者敗之,執者失之,是以聖人無爲故無敗,無執故無失。民之從事,常於幾成而敗之,慎終如始,則無敗事。是以聖人欲不欲,不貴難得之貨;

王弼云:"好欲雖微,爭尚爲之興;難得之貨雖細,貪盜爲之起也。"

學不學,

學不學,謂學如不學,不以智識階級矜人也。然則老子亦非真主不學者。

復衆人之所過,以輔萬物之自然,而不敢爲。

六十五章
古之善爲道者,非以明民,將以愚之,民之難治,以其智多。

王弼云:"明謂多見巧詐,蔽其樸也;愚謂無知守真,順自然也。"柱謂智識愈增,則擾攘愈甚,此自然之勢也。雖所進有遲速,而爲亂有大小,然智識與戰爭,必爲正比例,而爲無可幸免之事。老子之去智,亦不過理論上之消極主張,不能強天下以皆從。然苟有不從焉,則不智者與智者相遇,乃如羊之遇虎,必無幸存矣,此學者所宜留意也。

故以智治國,國之賊;不以智治國,國之福;知此兩者亦稽式。

稽式,猶楷式。

常知稽式,是謂元德。元德深矣,遠矣,與物反矣,

此老子自言反樸還淳之説,似與世界由質趨文之事相反,其實乃順乎物性也。

然後乃至大順。

六十六章
江海所以能爲百谷王者，以其善下之，故能爲百谷王。是以欲上民必以言下之，欲先民必以身後之。

馬其昶云："聖人欲崇上人，故以言下之；欲推先人，故以身後之，非謂己欲上人、先人也。《金人銘》云：'君子知天下之不可上也，故下之；知衆人之不可先也，故後之。'此老子之説所自出。"

是以聖人處上而民不重，處前而民不害，是以天下樂推而不厭。以其不爭，故天下莫能與之爭。

六十七章
天下皆謂我道大似不肖，夫惟大，故似不肖，若肖久矣，其細也夫！

"道可道，非常道，名可名，非常名。"可道、可名，以其有所肖也。有所肖，故可以言語形容。凡能以言語形容者，皆有所窮者也，烏得爲道！是故道也者，無所肖者也，不可以言語形容者也。

我有三寶，持而保之：一曰慈，二曰儉，三曰不敢爲天下先。慈故能勇，慈故能勇,則老子之不敢爲天下先,非怯也。

儉故能廣,不敢爲天下先,故能成器長。今舍慈且勇,舍儉且廣,舍後且先,死矣。夫慈以戰則勝,以守則固。天將救之,以慈衞之。

六十八章
善爲士者不武,善戰者不怒,善勝敵者不與,善用人者爲之下;是謂不爭之德,是謂用人之力,是謂配天古之極。

"古"字當從馬其昶、奚侗說移在下章首。

六十九章
用兵有言:

句上當增"古之"二字。

吾不敢爲主而爲客,

吴澄云:"爲主,肇兵端以伐人也。爲客,不得已而應敵也。"
(《道德真經注》卷四)

不敢進寸而退尺。

不敢進寸,以先人而爲禍首;常退尺,以讓人以弭戰禍。

是謂行無行,攘無臂,扔無敵,執無兵。禍莫大於輕敵,輕敵幾喪

吾寶。

　自視若無行列可整,無臂可攘,無敵可就,無兵可執,故不敢輕敵。

故抗兵相加,哀者勝矣。

　不得已而用兵,則民必哀憤,故可以勝敵。

　七十章
吾言甚易知,甚易行,天下莫能知,莫能行。言有宗,事有君。

　"言有"二句,當在"吾言甚易知"句上。

夫唯無知,是以不我知。

　"無知"當從陶方琦據王弼注改作"有知"。莊子云:"彼其真是也,以其不知也。此其似之也,以其忘也。予與若終不近也,以其知之也。"(《莊子·知北游》)此有知是以不知之説也。

知我者希,則我者貴。是以聖人被褐懷玉。

　七十一章
知不知上,不知知病。

　聖人爲無爲、事無事、學不學,故知不知也,此所以爲上也。夫知尚不知,況不知而可以爲知乎!強爲知焉,斯病矣。

夫唯病病,是以不病。聖人不病,以其病病,是以不病。

七十二章
民不畏威,則大威至。

民孰不樂生而畏死,然壓制之力愈强,則反抗之力愈猛,此專制政體之下,所以多暴民也。

無狎其所居,無厭其所生。夫唯不厭,是以不厭。

狎,即陜之假。奚侗①云:"《説文》:'陜,隘也,隘有迫誼。'厭,笮(zuó,窄)也。"(《老子集解》)柱按:"夫唯不厭"之"厭"字,當從吴澄説改爲"狎"。無陜其居,謂無使人多地少也。無笮其生,謂無使人多食少也。民多地少則謀食難,而民易爲亂,欲免此者,唯移殖其民。故曰:"夫唯不狎,是以不厭。"

是以聖人自知不自見,自愛不自貴,故去彼取此。

"是以聖人"以下,與上文不相應,當在七十章"則我者貴"之下。

七十三章
勇於敢則殺,勇於不敢則活;此兩者或利或害。

勇於敢則争,争則彼此相殘殺;勇於不敢則讓,讓則彼此相

---

① 奚侗(1878—1939):字度青,號無識,安徽當塗(今安徽馬鞍山)人。畢業於明治大學,曾參加南社。著作有《莊子補注》《老子集解》《説文采正》等。

存活。其爲勇一也，而所施者異，利害亦殊。
天之所惡，孰知其故？是以聖人猶難之。

此句宜從景龍本、敦煌本去。

天之道，不爭而善勝，不言而善應，不召而自來，繟然而善謀。

此言天演之能事。夫天演、人事，交相勝而進步，此世界之所以有今日也。然天人交勝云者，就狹義而言之耳，若就廣義而言之，謂天勝人則可，謂人勝天則不可。蓋即此幾於巧奪天工之人事，亦莫非從天演而來，一切智力，固不能外乎天也。繟，音闡；繟然，寬也。

天綱恢恢，疏而不失。

七十四章
民不畏死，奈何以死懼之？若使民常畏死，而爲奇者吾得執而殺之，孰敢？

世之專制君主，孰不以人之畏死，故以死懼其民邪？然使民常畏死，而爲奇者吾既得而殺之，尚孰敢爲奇乎？然而天下之爲奇者固日出而未已也，則知其不畏死矣。故爲治之道，非特威勢所能也。

常有司殺者殺；

熊季廉云："天擇，司殺者也。"

夫代司殺者殺,是謂代大匠斲(zhuó,斬也);夫代大匠斲者,希有不傷其手矣。

七十五章
民之饑,以其上食稅之多,是以饑;民之難治,以其上之有爲,是以難治;民之輕死,以其求生之厚,是以輕死。

爲上者奢侈,則取於民者既多,而民既已貧矣,而上行下效,民之慾望,亦由是而益奢。是以居不可得之勢,而懷必得之念,其挺而走險必矣。老子之言,其意豈淺乎!

夫唯無以生爲者,是賢於貴生。

七十六章
人之生也柔弱,其死也堅强,萬物草木之生也柔脆,其死也枯槁;故堅强者,死之徒,柔弱者,生之徒。

嚴復云:"老之道,貴因,不凝滯,唯柔弱者能之。"

是以兵强則不勝,木强則兵,

"兵"字當從俞樾説爲"折"字之誤。

强大處下,柔弱處上。

七十七章
天之道,其猶張弓與,高者抑之,下者舉之,有餘者損之,不足者補之。天之道損有餘而補不足，人之道則不然，損不足以奉有餘。孰能有餘以奉天下？唯有道者。

此老子主張一切平等之説也。夫貴者愈貴，則賤者愈賤，富者愈富，則貧者愈貧。而天下之富者必少於貧者，貴者必少於賤者，使不設法自損己之所有餘，以補他人之不足，而惟日以己所有餘者供己奢侈，則上行下效，而貧民之生活益日感困難，此階級之戰爭所以終不可免也。此治國者所不能不早爲留意者也。

是以聖人爲而不恃，功成而不處，其不欲見賢。

七十八章
天下莫柔弱於水，而攻堅強者莫之能勝，其無以易之。弱之勝強，柔之勝剛，天下莫不知，莫能行。是以聖人云："受國之垢，是謂社稷主，受國不祥，是爲天下王。"正言若反。

此言處柔居下之旨，老子之恆語也。

七十九章
和大怨必有餘怨，

句首當從馬敘倫説以六十三章"報怨以德"句移上，謂報怨必當以德，若以怨報怨，必成大怨，爾時雖以德和之，其傷不復，已有餘怨矣。

安可以爲善。是以聖人執左契而不責於人，有德司契，無德司徹。天道無親，常與善人。

馬其昶云:"《禮記·曲禮》疏'兩書一札,同而別之',故有左右。鄭注:'以右契爲尊。'"《老子故》柱按:古人尚右,執左契謂常自處卑下,以和合於人也。契,合也;徹,分也。有德者人己合一,故無怨。無德者人我之界太明,故有餘怨也。

八十章
小國寡民,使有什佰之器而不用;使民重死而不遠徙;雖有舟輿,無所乘之;雖有甲兵,無所陳之;使人復結繩而用之;甘其食;美其服;安其居;樂其俗;鄰國相望,雞犬之聲相聞,民至老死不相往來。

嚴復云:"此古小國民主之治也,而非所以論於今矣。"

八十一章
信言不美,

第五十六章"知者不言,言者不知"二語,應據馬敘倫說移至本句之上。

美言不信;善者不辯,辯者不善;知

知讀爲智,下句同。

者不博,博者不知。聖人不積,既以爲人己愈有,既以與人己愈多。天之道,利而不害,聖人之道,爲而不爭。

自"聖人不積"以下,當在七十七章"唯有道者"之下。

附錄

主要參考書目

［漢］嚴遵：《老子指歸》，中華書局，1994年第一版
［漢］司馬遷：《史記》，中華書局，1982年第二版
［漢］河上公：《老子道德經河上公章句》，王卡校點，中華書局，1993年第一版
［晉］郭象、［唐］成玄英：《南華真經注疏》，中華書局，1998年第一版
［魏］王弼注，樓宇烈校釋：《老子道德經注校釋》，《新編諸子集成》，中華書局，2008年第一版
［梁］蕭統：《文選》，上海古籍出版社，1986年第一版
［宋］王安石：《王安石老子注輯本》，中華書局，1979年第一版
［宋］范應元：《宋本老子道德經古本集注》，涵芬樓影宋本
［明］李贄：《老子解注》，《李贄全集注》，社科文獻出版社，2010第一版
［清］姚鼐、奚侗、馬其昶：《老子注三種》，黃山書社，2014年第一版

［清］畢沅：《老子道德經考異》，《叢書集成初編》，商務印書館，1940年第一版

［清］汪中：《老子考異》，《汪中集》，中央研究院中國文哲研究所籌備處，2000年第一版

［清］陶鴻慶：《讀諸子劄記》，中華書局，1959年第一版

［清］魏源：《老子本義》，《國學基本叢書》，商務印書館，1935年第一版

［清］易順鼎：《讀老劄記》，光緒甲申年刻本，復旦大學圖書館藏

［清］王念孫：《讀書雜誌》，上海古籍出版社，2014年第一版

［清］郭慶藩：《莊子集釋》，《新編諸子集成》，中華書局，2012年第三版

劉師培：《老子斠補》，《劉申叔遺書全集》，江蘇古籍出版社，1997年第一版

胡適：《中國哲學史大綱》，河北教育出版社，2001年第一版

馬敘倫：《老子校詁》，中華書局，1974年第一版

章太炎：《諸子學略說》，廣西師範大學出版社，2010年第一版

嚴復：《老子評語》，《嚴復集》，中華書局，1986年第一版

羅振玉：《道德經考異》，《羅振玉學術論著集》，上海古籍出版社，2010年第一版

陳鼓應：《老子注譯及評介》，中華書局，2009年第二版

陳鼓應：《莊子今注今譯》，中華書局，2009年第二版

高明：《帛書老子校注》，《新編諸子集成》，中華書局，1996年第一版

楊伯峻：《列子集釋》，《新編諸子集成》，中華書局，2013年第二版

王先慎:《韩非子集解》,《新編諸子集成》,中華書局,2013年第二版

許維遹:《呂氏春秋集釋》,《新編諸子集成》,中華書局,2009年第一版

《中華道藏》,華夏出版社,2004年第一版

《正統道藏》,天津古籍出版社,1987年影印版

图书在版编目(CIP)数据

老学八篇:外一种 / 陈柱著;李为学,魏凯校注.
--上海:华东师范大学出版社,2021
(经典与解释. 中国传统)
ISBN 978-7-5760-1486-0

Ⅰ.①老… Ⅱ.①陈… ②李… ③魏… Ⅲ.①道家
②《道德经》—研究 Ⅳ.①B223.15

中国版本图书馆 CIP 数据核字(2021)第 044872 号

华东师范大学出版社六点分社
企划人 倪为国

本书著作权、版式和装帧设计受世界版权公约和中华人民共和国著作权法保护

陈柱集

老学八篇(外一种)

著　　者　陈　柱
校 注 者　李为学　魏　凯
责任编辑　彭文曼
特约审读　饶　品
责任校对　古　冈
封面设计　吴元瑛

出版发行　华东师范大学出版社
社　　址　上海市中山北路 3663 号　邮编　200062
网　　址　www.ecnupress.com.cn
电　　话　021-60821666　行政传真　021-62572105
客服电话　021-62865537　门市(邮购)电话　021-62869887
地　　址　上海市中山北路 3663 号华东师范大学校内先锋路口
网　　店　http://hdsdcbs.tmall.com

印 刷 者　上海景条印刷有限公司
开　　本　890×1240　1/32
插　　页　2
印　　张　8
字　　数　140 千字
版　　次　2021 年 4 月第 1 版
印　　次　2021 年 4 月第 1 次
书　　号　ISBN 978-7-5760-1486-0
定　　价　58.00 元

出版人　王　焰

(如发现本版图书有印订质量问题,请寄回本社客服中心调换或电话 021-62865537 联系)